増補版　スマホで見る阪神淡路大震災
～1995・1・17　災害映像が伝えるもの～

概要

地震名　兵庫県南部地震
災害名　阪神・淡路大震災
地震発生時刻　1995年1月17日05時46分

発生場所（震源位置）北緯34度36分　東経135度02分　深さ16km
規模（マグニチュード）7.3
最大震度　7
発震機構　東西方向に圧力軸を持つ横ずれ断層型
被害　死者6,434人、行方不明3人、負傷者43,792人
住家全壊　104,906棟、住家半壊144,274棟、全半焼7,132棟

阪神・淡路エリアとその周辺

※2020年時点

本書では、赤字で表記したエリアの映像を掲載しています。

目次

第2章 混乱の中で 1月18〜20日

第5章　再生への動き　3月〜

まえがき

「阪神淡路大震災」映像の価値

2011年東日本大震災、2016年熊本地震、2018年大阪北部地震、2018年北海道胆振東部地震、2023年能登半島地震…毎年のように地震が発生して、建物が壊れる映像は見慣れた光景になった。南海トラフ地震の脅威が近づいているとされる日本列島は、太平洋プレートに押されてひずみを増し続けている。南海トラフの大地震の前に、直下型地震が頻発する傾向はしばらく続くことが予想され、私たちはこれに備えて、「災害でどんなことに困るのか」を、リアリティをもって学ばなければならない。

ところが、最近の被災地取材映像を見ていて気になるのは、被災生活を取材した映像の少なさである。被災者の権利意識の高まりで、避難所内部の取材がしにくくなった。記者が被災者にインタビュー取材をする際も、無理強いしてないかと相当気を遣うようになっている。たとえ被災者が積極的にインタビューに答えてくれても、「かわいそうだから取材を控えてあげて」とか、「大変な状況は聞かなくてもわかるだろう!」などといったSNSの批判が否応なく目に入る。災害取材はきわめて難しい時代になった。

その一方で、日本の災害対応はお世辞にも進歩しているとは言い難い。避難所の環境は多少改善されたかも知れないが、相変わらず学校の体育館にみんなで集まる様子は変わらない。

既存の住宅の耐震化は進まず、高齢化はそのスピードをさらに鈍らせている。労働人口＝元気な大人が最も多かった1995年と同じ地震が今起こったとして、当時と同じだけの共助の力を発揮できるだろうか。国全体の「体力の衰え」を別の方法でカバーしないと、災害の被害はかつてより拡大してしまう恐れすらある。

阪神淡路大震災は、我が国にテレビが普及して初めて起こった大災害であった。伊勢湾台風以来、大災害を36年もの間経験せず、テレビの災害取材に予備知識のなかった阪神淡路の被災者たちは、災害報道に対する拒否反応が小さかった。食料が足りなくなって怒号が飛び交う中でも、罹災証明の判定に不服を言う状況でも、取材カメラは常に回り続けていた。そして、避難所の中で被災者がどんな暮らしをしているのか、どんな助け合いが行われたのか、どんなトラブルが起こったのか、被災者がどんな感情を持っていたのか、災害のリアルをつぶさに動画で記録できた。結果論だが、阪神淡路大震災の取材映像は、我が国の災害史上、大変貴重な映像だと言える。災害現場で起こることの本質は、今も昔もあまり変わらない。毎年のように災害が発生し、「首都直下地震」のような都市型災害が懸念される状況の中で、この映像から学ぶことは多い。

そこで、朝日放送グループホールディングスは2020年1月、WEBサイト「激震の記録1995　取材映像アーカイブ」を一般公開した。地震直後〜約半年間の膨大な取材映像の中から、ニュースで利用するために粗編集された「まとめ素材」、38時間分である。取材日と取材場所に応じて約2000のクリップに分け、撮影場所の緯度・経度をつけてGoogleMAP上に配置した。地図上のピンをクリックすると、その場所で取材した映像を見ることができるようになっている。映っている方の肖像権をどう扱うかが大きな課題であったが、判例を読み解き、社会的意義を確認し、「肖像権ガイドライン」等を参考に公開の可否を判断した。放送業界でも他に例を見ない取り組みとして、公開直後からＳＮＳなどで大きな反響があった。そして本書は、このアーカイブから動画を抜粋し、当時の背景やエピソードとともに視聴できるようにした、震災アーカイブの「ガイドブック」である。

震災アーカイブは公開以来、放送文化基金賞、民間放送連盟賞、デジタルアーカイブ学会賞など各方面から高い評価もいただき、ＮＨＫをはじめ、他局、他紙の記者からも「よくここまで公開できましたね」「自社でも同じことをしたいのですが…」と、何度もヒアリングを受けた。またデジタルアーカイブと紙の本を結びつけて災害を後世に伝えようという取り組みは、グッドデザイン賞や地方出版文化功労賞特別賞を受賞した。また、こうした評価を後押しに、教育現場で使えるｅラーニングサイトの構築、出張講義の実施など、活用しやすいアーカイブを目指してバージョンアップを続けている。

２０２５年は震災から30年の節目である。これに合わせて私たちのアーカイブは映像を増やすことにした。30年前に朝日放送に持ち込まれた「視聴者提供映像」の撮影者を探し出し、公開することにしたのだ。テレビカメラが入ることができなかったプライベートな場所を撮影した貴重な映像である。引っ越しや連絡先の変更で調査は難航したが、同僚の若きアーキビスト吉水彩と、番組制作等でつながりのあるオフィス自由本舗の迫田ヒロミ、堀田将生両君の尽力で、42名の提供者のうち21名に尋ね当たり、公開の了承をいただくことができた。せっかくの提供映像が「死蔵」されずに済んだだけでなく、若者がこの作業を担ってくれたことが何よりもうれしい。増補した巻頭特集には、若者の目で見た視聴者提供映像の価値をまとめている。震災教訓を未来に伝える新たな視点が提示できているに違いない。

それに続く各章では、普遍的な教訓になりそうなテーマや、つい見落としがちなことを意識的に取り上げた。当時の報告書や新聞記事、放送原稿に加え、筆者が取材や大学院で学んだことを参考に文章をまとめたが、個人的な見解も含まれていることをご容赦いただきたい。読者諸兄がこの本を手にとっている未来は、どんな日本になっているだろうか。加速度的に変わっていく社会のカタチは、もはや予測することすら難しい。ただ、時代の「変化」を踏まえて映像を見れば、震災に向き合う術を必ず見つけられるはずである。「風化」と「変化」に立ち向かい、災害対策を「進化」させる〝手引き書〟として、本書を活用いただけることが私の願いである。

木戸崇之

特集への思い

阪神淡路大震災により、一瞬にして姿を変えてしまった街を記録しようとビデオカメラを手にした人たちがいた。地震直後、テレビカメラでは撮影できなかった被害の様子や家屋の内部など貴重な瞬間を捉えたものである。撮影者は映像が震災を伝えることに役立てばと、ビデオテープを朝日放送に送った。

2025年1月17日、阪神淡路大震災から30年という大きな節目を迎える。被災者の視点で撮影された映像は当時の混乱や恐怖をリアルに伝えている。震災を体験していない私たちの世代まで受け継がれた映像をスマホで見て、背景を読んでいただける形にすることで、災害の現実と備えについて、一人ひとりが考えるきっかけになればと願う。

映像をアーカイブする過程で可能な限り撮影者にインタビューを行い、映像の裏側にある感情や、その後の人生について話を聞いた。撮影者の「悲惨な光景に対してカメラを向けることに罪悪感を抱いていた」という言葉は、私自身に「伝える使命」の重さを改めて問いかけた。

この特集の一部は朝日放送制作の震災30年特番で放送する。地元関西のメディアとして「震災の記憶を風化させず、未来に伝える」という使命に向き合い続ける必要があると強く思う。

吉水彩

巻頭特集

視聴者からの提供映像

震災当日、まだメディアが十分な取材体制が作れていなかった時間帯に、被災者自身がカメラを手に街に出ていた。

一般の方から寄せられた映像を紹介する。

1月17日　2月5日

御影本町と摂津本山。倒壊した屋根伝いに進む

周りに火の手が上がっている白鶴酒造本社。

神戸市東灘区御影本町に住んでいた男性から提供された映像。自宅周辺には酒蔵がたくさんあり、当時20代前半だった男性は両親と暮らしていた。

仕事のため5時に起きて一旦1階のこたつで仮眠していた時に迎えた5時46分。大きな揺れが起こって、近くにあったストーブが1ｍほど跳ね上がった。神戸に地震は来ないものと思っていたこともあり、何が起こったのかわからず「事故か？　飛行機やヘリコプターが落ちたのか？」と思ったそうだ。男性は飛び起きてガスの元栓を閉めにいった。

8時頃、カメラ好きだった男性は「人が不幸に遭っているところを撮るのは憚られるが、今、この瞬間を撮れるのは僕のカメラしかない」と、S－VHSのビデオカメラを手にした。

①東灘区御影本町周辺

②東灘区御影本町周辺

③JR摂津本山付近

地面には倒れた塀が散乱している。

御影本町。倒壊した家屋。

スーパーカブに乗って街の様子を見て回って最初に感じたのは、「ガス臭い」ということだ。現在では震度5以上の地震が発生した際に自動でガスが遮断されるシステムがあるが、当時はそんな仕組みはなく、街中でガス漏れが発生したため、男性は家々のガスの元栓を閉めるために走り回った。映像の中にも黒煙が上がっている様子が記録されているが、至る所で火事が起こり戦場のようだったという。（QRコード①）道には塀が倒れコンクリート片が散乱し、酒蔵の井戸が壊れて水があふれている様子も見られる。（QRコード②）

周辺ではがれきの山になった家や1階がつぶれて2階だけになった家もあった。全壊した家がたくさんあった場所は自宅の北側、通り一つへだてただけの違いだった。「助けてくれー！　子供と奥さんがいる！」と、つぶれた1階のタンスの向こうから必死の叫び声が聞こえた。助けなければとタンスを動かそうとしたが、建物が崩れ落ちるかもしれないという不安がよぎり、結局どうすることもできず、警察を呼ぶしかなかった。目の前の板一枚越しに聞こえる助けを求める声に、手を差し伸べることができなかった無力感に打ちひしがれたと語っていた。

後日、親戚の家を確認するためＪＲ摂津本山付近に向かった。親戚の家はプレハブ住宅だったので形があったが、周りの家は瓦屋根の重みでぺしゃんこの状態だった。倒壊した家のがれきで道を通ることが

JR摂津本山付近。

できず、他人の家の屋根に登って進むしかなくて、映像は上から親戚の家を見下ろすように撮影されている。このあたりは被害が大きく、親戚からは目を開けるとベッドごとベランダに出ていたことや、冷蔵庫のドアが揺れで開いた後、ねじれて切断されていたことなど、衝撃のエピソードを聞かされ、物凄い地震だったのだと改めて感じたという。

（QRコード③）

1月17日

高台から見た燃え上がる煙

②住吉川付近の山道

①住吉台の荒神山住宅

④JR住吉駅付近

③コープこうべ本部

神戸市東灘区住吉台に住んでいた、当時22歳の大学生だった男性が撮影した映像。地震発生時は両親と姉、1匹の猫が家にいた。揺れた時は「大きい地震だな」と思って一旦起きたが、眠たくて5分ほど二度寝した。家族が騒いでいるので目を開けると、閉めていた窓が揺れで勝手に開き、部屋がぐちゃぐちゃになっていることに気づいた。これまで経験した地震は横揺れだったが、初めて下から突き上げる縦揺れを経験して怖さを感じた。停電で明かりが全くないこともあって、夜明け前の暗闇をおそう余震に一層恐怖を感じた。揺れが落ち着いてから、自分が育った神戸の街の様子を残しておきたいという思いでカメラを手にした。

映像には足の踏み場がないほど、物が散乱した家の中が映っている。部屋の中はまだ薄暗い。割れたガラスが落ちていたので、スリッパを

落石が散乱している山道。

本住吉神社では石灯籠が倒壊し、鳥居は柱だけが残った。

ＪＲ住吉駅前の倒壊したコープこうべ本部。

履いて家の中を歩いていた。飼い猫は、地震発生後いなくなってしまったが、2日ほど経って、どこからか姿を現した。ラジオだけが情報源だったが、まだ被害の様子を把握できていない様子で、断片的な情報しか流れていなかった。状況がわからなかったこともあり、父と姉は仕事へ向かった。

男性は同じ住吉台にある親戚の家に向かった。親戚の家は少し古いマンションだったので、エントランスや廊下にコンクリート片が散乱し、外壁には亀裂が入っている。（QRコード①）

住吉台は地盤がしっかりしているので、大きな家屋の被害はなかったが、どこも家の中はぐちゃぐちゃで片づけも大変だったという。

遠くに山崩れが見えた、気になった男性はハイキングコースに向かう。山道には落石が散乱し、もし地震発生時にここを歩く人がいたら…と考えると恐ろしくなった。男性はこの山の中で湧水を見つけ、水道が使えない間、ここから水を汲んで家まで運んでいた。（QRコード②）

昼前に、ＪＲ住吉駅前に向かった。駅前の被害は大きく、コープこうべ本部は1、2階がつぶれて上の階が覆いかぶさるように倒れている。その後ろにある建物は内装が丸見えになっていた。（QRコード③）

本住吉神社の南側の住宅地も被害が大きかったが、罪悪感からカメラを向けることはできなかった。

住吉ショップセンターは木造店舗が軒並み倒壊した。

地域の人々の生活の一部だった「住吉ショップセンター」は、木造の古い市場だったため、ほとんどの建物が倒壊していた。崩れそうで怖かったので、アーケードの中には入ることができなかった。（QRコード④）

1月29日

JR山陽本線の状況

客車が横転しているJR鷹取工場。

兵庫県神崎郡に住んでいた男性から提供された映像。震災当時39歳で、奥さんと小学生と幼稚園のお子さんの4人で暮らしていた。地震が起きた時は自宅の2階で寝ていたが、揺れる直前に目が覚めた。家が揺れ始めた時には、タンスが倒れてこないよう押さえることに必死だった。奥さんとお子さん2人は1階にいて、こたつの中に体を隠したが、自宅周辺の震度が4だったということもあり、大事には至らなかった。

昔からビデオを撮影することが趣味だったが、それ以上に変貌した街並みを動画に撮っておく必要があると思い、カメラを手に取った。しかし、「被害にあった人の様子を撮影するのは違うな」と思いなおし、自身の職場であるJRの線路の上を歩きながら、その様子を動画に残そうと考えた。

①JR鷹取工場

②JR新長田駅

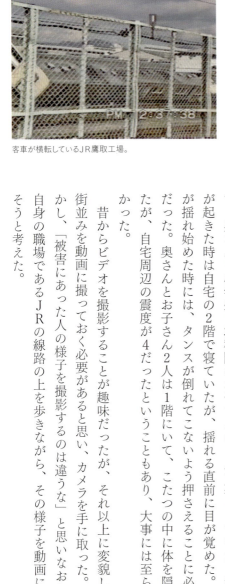

新長田駅前は焼け野原となった。

大きく湾曲したJR新長田駅のホーム。

震災から2週間たって、ＪＲ山陽線の鷹取駅から新長田駅までの間を撮影。鷹取工場では数台の客車が横転していた。（ＱＲコード①）神戸市須磨区にあった鷹取工場は、当時、ＪＲ西日本の車両基地の中で最大規模を誇っていた。明治33（１９００）年に操業を始め、戦災、コンピューター化など、さまざまな時代の波を乗り越えたが、震災で大きな被害を受けて、２０００年、その１００年の歴史に幕を閉じた。

新長田駅に向かう道中の映像に、折れ曲がった送電柱や全壊してがれきの山となった木造家屋、焼け焦げた建物など惨憺たる街の姿が記録されている。

新長田駅は、ホームが波打つように大きく湾曲し、粉々に割れたコンクリート片が散らばっている。線路の上から長田の街を見下ろすと、一面焼け野原。その様子を目にして男性は、戦地に立っているような気持ちになったそうだ。（ＱＲコード②）

1月18日

本山、甲南、商店街の被害

本山北町の崩壊した駐車場。

神戸市東灘区本山北町に住んでいた男性から提供された映像である。阪神淡路大震災の死者数6432人のうち東灘区は1470人という最悪の被害があった地域だ。

当時75歳前後だった男性は、太平洋戦争で出征したガダルカナル島での苦しい体験もあって、記録しておかねばと思ったという。

映像に映るのは震災から一夜経った18日の東灘区の様子だ。男性が住んでいた本山北町では倒壊した民家や瓦礫が道を塞いでいる。（QRコード①）本山中町では電柱が倒れJR東海道線近くの石垣ブロックに亀裂が入り崩れている。（QRコード②）

本山中町の本山センター街は、アーケード全体が斜めに傾き、店舗も壊れている。（QRコード③）魚崎北町～甲南市場周辺でも建物が倒壊している。（QRコード④）

①東灘区本山北町

②東灘区本山中町

③本山センター街

④甲南市場周辺

⑤甲南本通商店街

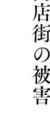

甲南本通魚崎北町商店街。

本山中町にある本山センター街。

甲南町の甲南本通商店街でも軒並み店舗が壊れ、男性が行きつけだった店もいくつか倒壊してしまった。生活の一部を一瞬にして失った男性は、「全く何とも言えない情景であります」と口にしている。（QRコード⑤）

阪神淡路大震災では、神戸市の市場や商店街が甚大な被害を受けた。商店街の店舗は約3分の1、小売市場は約半数が全壊・全焼の被害を受け、震災以前からの衰退傾向もあって復旧・再開は遅れた。また、震災で避難した住民が元の地域に戻ってこない期間が長くなると、地域密着型の市場は立ちゆかなくなっていった。

映像に映る本山センター街、甲南市場など複数の商店街は震災後になくなってしまった。甲南本通商店街のみが、新しい姿に生まれ変わり、今もなお人々の生活を支えている。

1月17日

車窓から見た黒煙と炎

①鷹取町付近の火災

当時34歳だった撮影者の男性は、地震発生時、加古川市の自宅にいた。5時45分に起きるのが日課だったため、起きてすぐに立っていられないくらいの大きな揺れを感じた。すぐにテレビをつけて地震が起こったことを知り、カメラを持って車を走らせた。ラジオをつけてもまだ情報を把握できていないのか、被害状況は掴めなかった。

走りながら街の様子を見るうちに、「撮っとかんとあかん。この街の様子を後々に残さんとあかん」と思い立ち、カメラを回し始めた。

旧神明道路を上がって板宿、大開通に差し掛かったあたりで車が進まなくなった。脇道に抜けたが、渋滞でUターンもできずに遠回りをしながら長田方向に向かった。

そして、あの大火事を目撃することになる。

車の前後で火事が起こっていて、炎の中に黒いがれきや鉄骨が見える。

空には黒煙が立ち上って、「ほんまの大火事なんや、人がいっぱいこの中で死んでいるのか、と思うと自然に泣けてきた」。

倒壊した家屋の周りで立ち尽くす人々。

鷹取町付近の火災。

沿道には布団や毛布を抱えながら立ちすくむ人がたくさんいた。車の中にいても炎の熱を感じ、渋滞の中でガソリンに引火しないかと恐怖を覚えていた。「その日は風がほぼなかった。もう少し風が吹いていたら延焼がひどく関東大震災のようになっていたかも」と語った。
（QRコード①）

1月17日

神戸市灘区、壊れた高架下の商店

神戸市灘区で働いていた男性は当時40歳手前。飲食関係の会社に入社し、店舗の従業員として働いていた。採用されたきっかけは食品工場の立ち上げのためであったが、結局震災の影響で工場を立ち上げることは叶わなかった。

男性は震災発生時、神戸市北区の自宅にいた。被害は少なかったが、電気が止まっていた。10時頃、電気が復旧してテレビがつき、神戸の上空から撮影された倒壊した阪神高速の映像を見て改めて大地震だと確信した。

近くに住んでいた社長の家に行くと、店の様子が知りたいと言われ、撮影して見せようとカメラを持って、愛車のオフロードバイクで出発した。

阪神新在家駅付近にあった焼き鳥店に向かうと、周囲は火災の後の白煙が立ち込め、入居していた建物も半壊状態だった。店は夕方から夜まで営業しており、夜中の2~3時ごろ自宅に帰る生活だった。「地震が起こった時刻がもう少し早ければ、店にいて死んでいたかもしれない。営業中で調理をしている時だったら、うちも火事になっていたかもしれない」と振り返る。（QRコード①）（QRコード②）（QRコード③）

①阪神新在家駅周辺

②阪神新在家駅周辺

③阪神大石駅～新在家駅

結局、店内に入ることができるような状況ではなかった。その後の店の片づけは大変で、三田にある社長の別荘にトラックで店の什器などを運びこんだ。店を再開することができたのは1年後だった。

撮影者が働いていた新在家の店舗付近。

外壁が落ちた新在家駅周辺のアミューズメントビル。

阪神大石駅〜新在家駅間で脱線した阪神電車の客車。

新在家南町4丁目付近。高架の道床が崩れ阪神電車が脱線。

1月17日

灘区、一軒家の惨状と周辺の被害

キッチンは調理器具や調味料が散乱し、ひどい臭いが立ちこめていた。

神戸市灘区に住んでいた女性が撮影したビデオ。当時21歳だった女性は両親と弟と4人暮らしで、地震発生時は2階の自分の部屋で寝ていた。ドドドドと上下に揺れた後、ジェットコースターかコーヒーカップに乗っているようにぐるぐると回転して揺れた。一体何が起こっているのかわからなかった。8時台になって電気がつき、テレビをつけることができて、他の地域も酷いことになっていると状況を把握した。

家の中を見ると、倒れた隣の塀が当たって窓ガラスがひび割れている。1階では、風呂場の桶や石鹸が散乱し、トイレには臭いが充満、キッチンでは扉という扉が開き、食器や調味料が割れて床に物が散乱している。食器棚は揺れで大きくせり出して壁との間に片手が入るほど隙間があいていた。

①灘区の被災住宅の内部

②灘区の被災住宅の2階

③灘区の路地

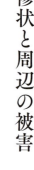

壊れた塀や植木が散乱している。

枕元に倒れてきたタンスが、かろうじてストーブにひっかかって危機一髪。

映像内で「この家は築17年。周辺の家と比べて比較的新しく、スレート屋根だったから被害が少なかった」と女性が語っているように、近所でこの家だけが崩れずに残っていた。弟は「今日の晩が嫌や」「ビビった、ビビった」と地震の衝撃を語っている。（QRコード①）

続いて2階の様子が映し出され、寝ていた枕元めがけて倒れてきたタンスが、ストーブにひっかかってなんとか斜めになっている。危機一髪、「ストーブで助かったんですね」と語る撮影者の声からは安堵している様子がうかがえる。もしも、この大きなタンスが弟の頭に倒れていたらと思うと…。まさに「九死に一生を得た」ということだ。後からタンス等の家具の下敷きになって圧死した人が多かったという話を聞いてよりそう思ったという。

女性の部屋は、低い家具が多くて倒れることはなかったが、回転するように揺れ、部屋の中心に家具が集まっていた。部屋に入るとパリンと音がする。「あ、なんか割れた。踏んでしまった」。壁にかけてあったが額縁が床に落ちて撮影者が踏んでしまったのだ。物が床一面に広がって足の踏み場がない状態だ。幸いスリッパを履いていたおかげでケガはなかった。

ベランダから外を見ると、目の前の道路にはブロックが散乱して車が通れない状態で、向かいの家の屋根瓦ははがれている。あたりを見回すと人通りが少ない。

周辺は瓦礫に覆われた。

「みんな小学校に避難しているんですけど、私らだけこの家に残っている」と言うように、築年数が古い近所の家はとても生活ができる状況ではなく、多くは避難していた。（ＱＲコード②）（ＱＲコード③）

1月17日

板宿、マンションに迫る火の手

①板宿の様子

神戸市須磨区戎町に住んでいた30歳の男性から提供された映像。奥さんと子供2人と暮らしていた。震災発生時、男性は自宅で寝ていて、最初の揺れが起こる10秒ほど前に雷のように空が一瞬光った気がしたという。それで目が覚めて何かなと思った瞬間に、どすんと1段下に落ちたような揺れが起こり、その後ベッドから振り落とされるぐらいのすごい横揺れがあり、奥さんと必死にベッドの端につかまった。体験したことのない激しい揺れで、テレビもラジオもなく情報がなかったことから、神戸や大阪というエリアだけでなく「地球規模での大災害が起こった、もう地球が終わったんちゃうか」と思ったという。

大きな揺れが止まってから窓を開けたら真っ暗で、音も光も無い世界が広がっていた。街の中なら、真夜中でもエアコンのモーター音だったり、車の音だったり、何らかの音が鳴っているのが普通だが、その朝は静寂に包まれていた。だんだん夜が明けて、うっすら明るくなり、街の景色が一変していることに気がついた。前日に子供をビデオで撮影していたため、偶然足元に落ちていたカメラを見つけ撮影を始めた。

最初はマンションのベランダから撮影した。自宅から南へ３００、４００ｍほど下がったところにケミカルシューズの工場があり、薬品に引火したのか爆発をして、そこから火事が発生した。炎とあちらこち

揺れて壊れた室内照明。

家具が倒れ、様々なものが散乱する室内。

らで立ち昇る黒煙が映されている。周りの家は軒並み倒壊し、屋根瓦がはがれ1階部分がつぶれた建物が見受けられる。

部屋の中は物が落ちて、とにかく足の踏み場がなかった。棚の扉も震災の揺れで全部開いて物が飛び出し、照明も壊れ、本棚のガラスも全部割れていた。子供たちには家の中でも靴を履きなさいと注意をした。映像内で奥さんは「散らかそう思てもこれだけ散らかされへん」と口にしている。

その後男性は、ケミカルシューズの工場の前にあった実家の様子を見に、火の粉が舞う中を走った。消防車も来ていたが、水が出ないためそのまま引きあげていったらしい。壊れた家の中からうめき声が聞こえた。圧迫されて声も出ない人は周りのものを叩いて自分の居場所をアピールしていた。

1日目の夜は、火事で一晩中、空が真っ赤だった。消防車も機能していない状態で、余震への恐怖と、どんどん火が燃えて広がっていくのではないかという不安を感じていた。結局、男性が住むマンションも火災の被害を受けた。

その後、地区には再開発の網がかかり再建することも難しくなったので、大規模改修をすることになった。新築するより費用は高額になり、もともとの住宅ローンと改修ローンの2重ローンになってしまった。

右手のビルが撮影者が住むマンション。
黒煙が空を覆っている。

家のベランダから見ると、近くで火の手が上がっていた。

そんな絶望を経験した男性は、「人間万事塞翁が馬。人生は悪いことも良いこともあるが、必ずそこで学べることがある。震災のおかげで大きく成長できたと思うし、震災のおかげで人生が豊かになったのかなと思う」と当時を振り返った。（QRコード①）

1月17日・19日・21日・24日　2月5日

鐘紡記念病院～北青木の患者の自宅の被害

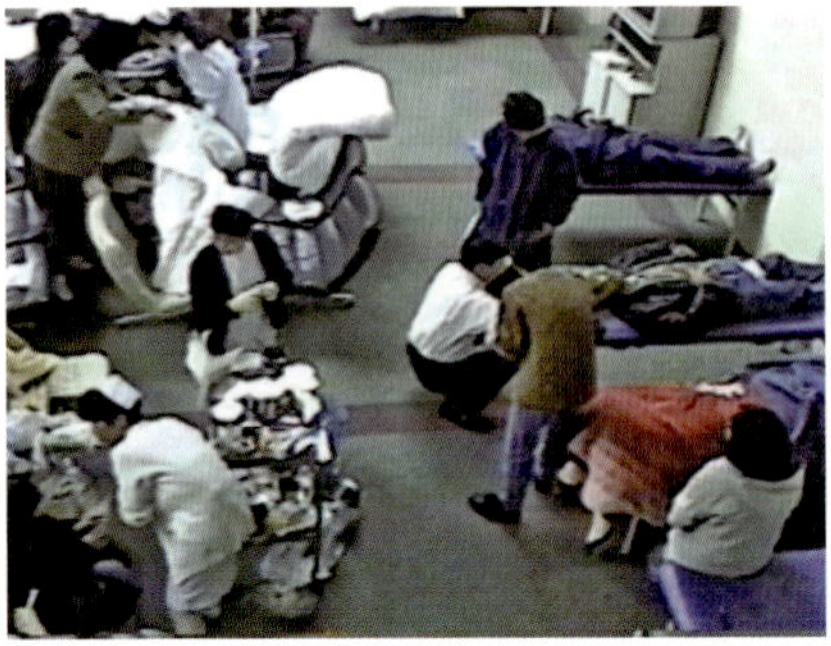
病院のロビーで治療を受ける人々。

神戸市兵庫区にある鐘紡記念病院（現 神戸百年記念病院）に入院していた、当時20代前半の男性からの映像。バスケットボールをしている時に膝の怪我をして、1月20日の手術を待っている時に地震が起きた。

震災発生時、男性は起きて本を読んでいた。ベッドが一度大きく下に沈み込み、上にボーンと上がり、その後横揺れが続いた。揺れでテレビがベッドの上に落ち、ストッパーがかかっているはずのベッドが床をすべり、机の下に潜るどころではなかった。男性はその揺れ方から震源が近いと感じた。

震災前日、男性は病院から外出許可もらい、指導していたバスケットボールの社会人チームに帯同していた。試合を撮影するためにカメラを持っていき、そのまま病院に持ち帰っていたのだ。男性は足を引きずりながらカメラを手にした。家族とは連絡が取れなかった。家が

②鐘紡記念病院内の避難者

①鐘紡記念病院（現神戸百年記念病院）

④東灘区北青木の被災住宅

③病院に届いた救援物資

⑤東神戸フェリーセンター

撮影者の家族は自宅の車の中で寝泊まりしていた。

病院は救援物資の集積場となった。

阪神高速の近くだったこともあり「もうだめだ、死んだんだ」と泣きながら撮影をした。

病院がある兵庫区は電気が通っていてテレビもカメラも使えたが、水道は使えなかった。建物の上にあった貯水タンクが破裂して水が流れ出ていたそうだ。病院にはけが人が次々と運び込まれてきた。（QRコード①）心臓マッサージをしている人や既にお亡くなりになっている人にカメラ向けることは失礼だと感じたので、避難している人や軽いけがを負った人だけを撮影したという。病院のロビーには負傷して運び込まれた人の家族や、家に住める状況にない人が寝泊りしていた。（QRコード②）

また、病院は救援物資を集める場所になっていたため、多くの人が服を取りに来ていた。朝方に起きた地震だったので着の身着のままで避難してきた人が多かったのだ。この様子は1月24日の映像に記録されている。（QRコード③）

地震から数週間経った頃、男性は神戸市東灘区にある自宅に一度帰った。「昔ながらの家で、柱が太かったので建物の形が残ったと思う。周りの家はぺちゃんこになっていた。（建物の形が）残っているだけでラッキーだと思った」と振り返る。ただ、柱が斜めになってしまい、とても住める状況ではなかった。避難所は満員で入れなかったため、撮影者の家族は車の中で寝泊まりする生活が約2カ月間も続いた。映像

陥没した東神戸フェリーセンター。

にも家の中に散乱するコンクリート片や剥落した土壁、荷物置き場となった庭の様子が映っている。（ＱＲコード④）

男性は２月に入ってから、かつて青木にあった東神戸フェリーセンターの様子を撮影している。２０２４年現在ショッピングセンターになっている土地だが、アスファルトが大きく陥没して地面にも大きな亀裂が入っている。（ＱＲコード⑤）

1月17日

兵庫区のマンション14階から見えた被害

①兵庫区から見た長田方面

②兵庫区御崎本町の室内

神戸市兵庫区御崎本町のマンションに住んでいた男性からの映像。男性は当時45歳で、小学校4年生と6年生の子供2人と奥さんの4人で暮らしていた。

震災が発生した時、男性は奥さんと寝ていた。まず、ベッド周りの天袋に置いていた紙などがバラバラと落ちてきたかと思うと、その後に縦揺れがあって完全に目が覚めた。北側の長田区の方向に頭を向けて寝ていたのだが、聞いたことのないようなバリバリという音が響き渡った。振動が長かったことも印象に残っている。それまでに経験した地震の振動は2、3秒のイメージだったが、その時は30秒ほどに感じ、「もうちょっと勘弁してくれ、もうやめてくれ」と思った。

外を見ると長田区の方向に真っ黒な煙が見え、大規模な火事だと驚いてビデオを撮り始めた。普段なら、どんな小さな火事でも大抵は消防車の音がするが、その時は一切音がせず、静かに街が燃えていたのが不気味だった。消防隊員も被災しているから駆けつけられなかったとあとになってから聞いた。最初は小さい規模で、バラバラの箇所で燃えていたが、最終的には長田一帯が燃えてしまい、空は黒煙に覆われて太陽が見えなくなった。

200kgもあるアップライトピアノが倒れた。

地震発生から約1時間後には火災が発生していた。

家の近くの運河にかかる橋のたもとに亀裂が入って、車が渡れなくなっているのをマンションから見ていた。すると車が通ると危ないと判断した近所の人が機転をきかし、三角コーンを立てる姿が見えて感心したという。（QRコード①）

家の中はタンスや冷蔵庫など立っているもの全部が倒れ、足の踏み場もない状況だった。200kgもあるアップライトピアノが斜めに倒れていたのには驚き、すごい揺れだったんだと思った。男性は「ここまでやられると、今更じたばたしても仕方がないというか、腹をくくった感じになった」と振り返る。（QRコード②）

幸いにも電気が通っており、暖房やテレビが使える状態なので、生活はできると判断して避難はしなかった。大変なのは水の確保だと思い、震災が起きてすぐに、神社の手水舎に水を取りに行ったが、干からびていた。飲料水については、2、3日はマンションに貯水槽があり、1日1回、2Lのペットボトル2本が各住人に配られた。その後は街に出て給水車に水をもらいに行っていたそうだ。

一番困ったのはトイレを流すための水の確保だったが、幸いにも運河がすぐ近くにあったので、マンション側が設置した給水ポンプを使って水を汲んでいた。余震があるため、防災上エレベーターは動かせず、ペットボトル5、6本分の水をリュックに背負って、部屋のある14階まで運ぶのは非常に大変だった。水道の復旧までには半月以上か

黒煙が立ち上り空を覆っている様子がベランダから見えた。

かったそうだ。もちろん風呂にも入れず、汲んできた水を、ストックしていたガスボンベで沸かして浴槽に溜めた。たった10㎝ほどのお湯だった。「風呂に入ったっていうか、体を浸したっていうか。それが一番最初。もう入れたことが嬉しかった」と男性は当時の感動を語っていた。

男性は阪神淡路大震災を「嫌な思い出というよりは大変だったという苦労が思い浮かぶ。今生活できていること自体が幸せ」と振り返る。阪神淡路大震災の後、「これは3000年に一度の大震災だ」と聞かされたが、その後東京で東日本大震災を経験した時も、同じく「3000年に一度」と言われて、そんな滅多にないことが2度も自分の身に起こり得ることを痛感した。日本にいる限り災害がいつ起こるかわからない。だからこそ、精一杯生きて楽しく過ごさねばと思い生活をしているという。

1月17日・19日

芦屋から長田へ。震災当日からの記録

当時芦屋市に自宅があった男性から提供された映像には、震災当日に芦屋市～東灘区～灘区～兵庫区～長田区を車で移動した様子が映っている。つぶれてがれきの山になっている一軒家、1階がつぶれ大きく傾いているビル、斜めに傾いた電柱など、車窓から撮影された映像には、変わり果てた建物が次々と映し出されている。（QRコード①）

国道28号線の渋滞をゆっくりと進む車。やがて道路の中央が深く裂け、その中に水が溜まっている箇所にさしかかった。何台かの車と〝大開通《だいかいどおり》〟の標識が沈んでいる。（QRコード②）

映像は長田区細田町に移る。男性は、当時の勤め先であるケミカルシューズの会社を確認するためにここに向かった。

周辺では黒煙が上がり、発生した火災の凄さを物語っている。（QRコード③）

地震発生から2日後の19日にも長田区を訪れ、1階がつぶれたミシン店を撮影している。「下の家どうなったん?」「下の家はつぶれた」「つぶれたもんが何もあらへんやないの」「中に埋まってる」という会話が聞こえる。（QRコード④）

①東灘区本山中町4丁目

②陥没した国道28号

③長田区細田町の火災

④倒壊したミシン店

阪神淡路大震災で、1月19日までの2日間に発生した建物火災２３５件のうち94件が延焼拡大し、中でも長田区では、焼損面積1万平方メートル以上の大規模な火災が発生した。映像の中にも火事の様子や消化後に焼け野原になった長田の町が記録されている。古い木造家屋が密集している地域で、倒壊家屋に燃え移ったことに加えて、ケミカルシューズ産業に関わる可燃物（ゴム製品）が要因のひとつであったという指摘もある。

ケミカルシューズは、戦後からゴム産業がさかんであった神戸市長田区で、１９５２年頃に塩化ビニールを利用して作られた靴が始まりとされている。素材開発、製法技術の改善、デザインの向上などにより神戸の中心産業として大きく発展したが、この阪神淡路大震災で甚大な被害を受け、事業を再建できなかった工場があった。

神戸市兵庫区、国道21号沿いのビル。

国道28号の陥没部分に落ちた車。

黒煙に包まれる長田区細田町のビル。

長田区の倒壊した建物。

1月17日・18日

芦屋市の高層マンションの惨状

①芦屋市高浜町の高層階

②西宮市本町付近

③芦屋市大原町付近

芦屋市高浜町に住む男性から提供された映像。男性は当時30歳で高層マンションの24階に弟と暮らし、向かいの部屋に両親が住んでいた。男性は、朝日放送の取材に地震発生時のことについて、「地震が起きて目が覚めた時、真っ暗闇で何が起きたのかわからなかった」と語っている。高層階だったため揺れが大きく、体はミキサーにかけられたように上下左右に揺られ、ビルがたわんで地面に当たってしまうのではないか、壊れてしまうのではないかと思った。

部屋から見た町の景色が衝撃的だったので、家にあったビデオで撮影をしようと考えた。映像にはマンションから見た地震直後の光景が映されている。午前6時過ぎ、まだ朝日が昇る前からカメラを回している。西宮方面で何カ所も火災が発生し、消防車のサイレンが鳴り響いている。

部屋の中では棚という棚から物が飛び出した。

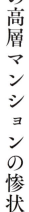

避難先の近くでは火災が発生した。

乾燥機が1m以上先の浴室にひっくり返って転がっていた。

家の中は足の踏み場もない状態で、なにもかもがだめになってしまった。部屋の端にある棚の上のものが反対側の端まで飛んできて、押し入れの中のものが全部出てきた。風呂場の前にある洗濯機の上に設置されていた乾燥機が、1m以上先の浴室の中にひっくり返って転がっていた。空中で回転して落ちていったということになる。（QRコード①）

その後、会社のある尼崎へ車を走らせる男性。国道43号までたどり着くと、上を走る阪神高速3号神戸線が崩れて落ちている。地震による影響で道がガタガタで、10㎝以上ずれていたため、車でそれ以上進むことができず、途中で降りて少し道を歩いた。（QRコード②）

人だかりができていた。食料や日用品を確保しようとコンビニに押しかけた人々だった。「自分も食料を確保しなくては」と思い、知り合いの多い大阪に向かった。道中は町が崩壊していて地震の恐怖を感じたが、川を越えて大阪に入ると全く被害が無かったことに驚いた。

そのあと芦屋市内に住む姉の元へ避難する。周辺で家屋が激しく燃えている様子が記録されている。（QRコード③）

男性は震災後1カ月たった時の生活について当時の取材で、「避難先でも余震が起こるたびに恐怖がこみ上げてきて家には帰れていない状況だった。自宅の家具がすべてだめになってしまったが、片づけは手つかずで、家の中はがれきの山状態」だと答えている。

高速道路上のバス、西宮神社と商店街

①西宮本町交差点付近

②西宮神社

西宮市宮前町に住む男性から提供された映像。カメラは当時3歳と7歳の子供たちの成長を記録しようと購入したものだった。震災の被害を撮影するなんて野次馬のようで嫌だなと気が引けたが、「撮っとかな、記録しとかな、子供たちの代にも伝えないと」という思いで撮影を始めた。

望遠レンズで家の中から外の様子を撮っていたところ、高速道路の橋桁が落ちているのが見えた。エレベーターの点検の仕事をしていた男性はそれを見て、お客さんのビルが気になって、西宮本町交差点に向かった。目の前に現れたのは、まるで滑り台のように壊れて落下している阪神高速3号神戸線と、道路の端に引っかかってかろうじて落ちなかったバスだった。何度もニュースで放送された光景だが、落ちた道路の下には、原型をとどめない車が停まっており、橋脚の一部は舗装が剥落し中の鉄筋が露出している。すぐ近くのお客さんのビルも入れる状況ではなかった。（QRコード①）

「えべっさん」の愛称で知られる西宮神社も被害にあった。柱だけが残った鳥居、倒壊した手水舎、石灯籠や石碑、拝殿、社務所の様子が映っている。戦前に建てられたものはほとんど倒壊してしまった。（QRコード②）

男性の家は亀裂が入り基礎が傾いてしまった。修繕工事には数百万かかるため、「自分の代でこの家は終わりやし」と、地震から30年たった今も修理をしないまま住んでいる。家の裏側のアパートから「助けて、助けて」という声が聞こえて行ってみると、1階か2階かわからないほどグシャグシャになった建物からの声、必死に救助したのを覚えている。もし建物の構造が地震に弱かったら、男性一家も下敷きになっていたかもしれない。それくらい被害が大きい地域だった。

男性は震災後、エレベーターの復旧に奔走した。「復旧しても、また余震がきてやり直し、つらかった」と、当時を振り返る。

西宮本町付近で落下した阪神高速3号神戸線。

国道43号で被災したトラック。

引火して原型をとどめていない自動車。

倒壊した西宮神社の手水舎。

1月18日

宝塚市山本地域の記録

①阪急山本駅周辺

②宝塚市山本東2丁目

③宝塚市山本東2丁目

④倒壊した建設中の家屋

⑤水が抜けた池

宝塚市山本東に住む男性から提供された映像。山本地域は植木産業がさかんな地域。木造住宅が多く被害が大きくなった。

映像は阪急宝塚線の山側にあるお寺から始まる。お寺の屋根瓦の一部が剥がれている。男性が、「山側は比較的被害が少ない感じです。阪急電車から南側に目を向けてみますとこの部分が被害を被っております」と言うように、阪急電車の線路を隔てて被害状況に差があったようだ。映像に出てくるタバコ屋は戦前に建てられた建物のようで、屋根瓦が全部落ちている。（QRコード①）

「電柱が40度から45度ぐらい傾いております。ここは生活道路ですが、完全に塀が倒れて塞いでおります。この家はかなり古い建物かと思いますが、完全に崩壊しております」と男性が話しながら撮影する映像。（QRコード②）

続いて1階部分が完全につぶれている2階建て家屋の人に話を聞いている。「お怪我はなかったですか?」「怪我は奥さんが…。状態がわからへん。今病院が診察できへんから」。奥さんが布団にくるまっていたというつぶれた1階部分も映像に記録されている。ここに人がいたのかと思うと、恐怖がひしひしと伝わっ

てくる。その家の周りでは、屋根瓦が地面にくっつくように倒壊している異様な光景が見受けられる。（QRコード③）

建築中の家屋は1階部分がつぶれ、前に崩れるように倒れている。「配電盤のボックスはまだ配線がされないままでこのような状態になっております」と男性はリポートしている。（QRコード④）

「この方向に地面の地割れが走っております」地割れを追っていくと、池の堤防まで続いていた。堤防は一部が50㎝ほど沈み込み、倒壊してぺしゃんこになった建物が池の周りだけでなく、池の中にも多数見受けられる。片づけようとしているのか、なにかを持ち出そうとしているのか、がれきの中に入っていく人たちもいる。池の水は抜けてしまっている。（QRコード⑤）

住民の生活道路が倒壊した建物等で塞がれている。

倒壊した家屋から家財道具を運び出す人々。

倒壊した家屋の中は足の踏み場もない。

建築中の家も倒壊した。

1月17日

宝塚市山本・中山寺周辺の被害

宝塚市山本・中山寺周辺に住んでいた当時54歳の男性からの映像。ビデオカメラを持っている人が少なかったこの時代、カメラ好きだった男性は街の被害の様子をおさめようと午前8時半頃カメラを手にとり、自宅があった宝塚市中筋から山本、中山のほうまで約1時間にわたって撮影した。

路地を通る撮影者の目の前に広がっているのはがれきの山だった。石畳が敷かれて、立派な建物があったのだろうと推測されるが、そこに何があったのかわからないくらい建物は原型を留めていない。（ＱＲコード①）男性は「2階建ての家やったんですよ…」という言葉の後に「いやあ、救助のしようがない」とつぶやく。震災から3時間ほど経っているのに、周りに消防や警察がいる気配がない。行政機能は完全に麻痺していた。緊急時には救急車や警察を呼ぶという手段が機能しない状況なのだ。

町を進んでいくと、同じように被害を受けた家屋が沢山あった。倒壊した家を目の当たりにして立ち尽くす人々がいる。そんな町の様子とは裏腹に阪急中山寺駅（現中山観音駅）前にある辻ヶ池は穏やかだった。撮影者は「とてもやないけど、大地震が起こったなんて考えられませんね」と口にしている。この悲劇は現実なのだろうかと信じられない気持ちがひしひしと伝わってくる。（ＱＲコード②）

①宝塚市山本西2丁目付近

②宝塚市中筋1丁目付近

③宝塚市中筋3丁目妙玄寺

「もう胸が…。心臓が止まりそうな思いがしますのでやめます」という言葉で映像は締めくくられている。

（QRコード③）

全壊した2階建て木造家屋。

全壊した家屋の屋根に立つ人々。

全壊した家屋の下敷きになった車。

根もとから倒れた塀。

大阪市西淀川区佃、延々と続く路面の亀裂

大阪市西淀川区佃で震災当日に撮影された映像。男性の自宅近く、左門殿川に面した路面には大きく亀裂が入っている。堤防の継ぎ目は激しい揺れの影響で離れてしまっている。男性が亀裂を辿って歩くと、ありえない方向を向いているガードレール、亀裂でできた段差にひっかかった自動車、大きく上下に裂けてしまった路面の断面など、甚大な被害の跡が記録されている。（QRコード①）

建物があるほうへ進むと、歩道のタイル舗装が割れている様子、建物の階段が外れている様子などが映されている。（QRコード②）

佃という地域は神崎川と左門殿川に挟まれた、いわゆる中洲で細長い島のような形状になっている。阪神工業地帯の一部だったこともあって、工場用水のための地下水くみ上げによる地盤沈下に悩まされた。地盤も柔らかく液状化が発生しやすい土地である。そのため、震災直後は街のいたるところで石段やブロック塀が崩れ、アスファルトにずれが生じていた。阪神淡路大震災では神戸の被害が大きく注目されがちだが、大阪でも被害の大きい地域は存在していた。

①亀裂が続いている道路

②大阪市西淀川区佃の広場

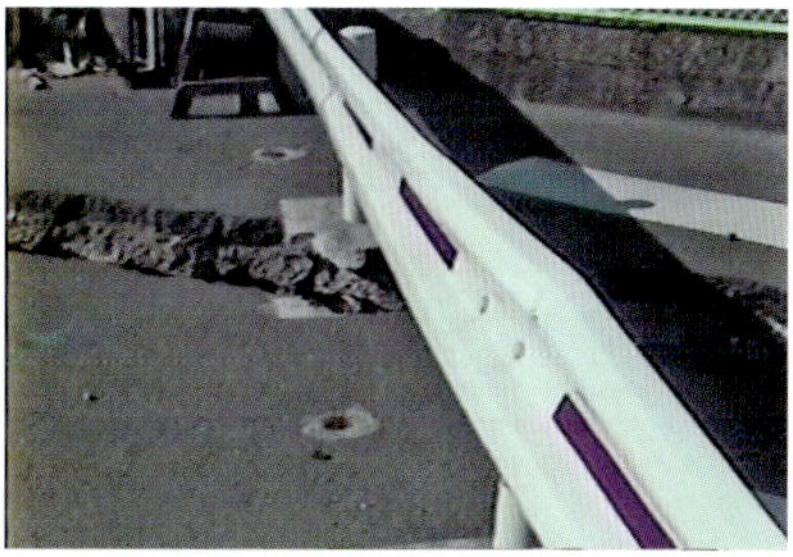

大きくズレたガードレール。

大きな亀裂が入った道路。

1月18日

大阪市此花区の崩壊した堤防を孫と歩む

①淀川左岸

②大阪市此花区酉島

淀川左岸。地盤沈下により堤防が崩壊している。

大阪市此花区酉島に住む男性から提供された映像には、地震から一夜明けた18日の淀川左岸の様子が記録されている。堤防は液状化よって沈下、崩壊して、ブロックがずれ落ち、地層が剥き出しになっている。地面が裂けてコンクリートの下が丸見えになっているのも確認できる。一緒に歩いているお孫さんが道すがら「なんか花束が置いてある」と口にしているから、ここで亡くなった人がいたのだろうか。男性は街を歩きながら何度も「すごいな」と孫に語りかけている。お孫さんが、地盤の変動によって生じた、大きく斜めに傾いた道を歩いているのが印象的だ。（QRコード①）堤防から東側に進んだ酉島3丁目、4丁目では、地面が沈下して傾いた家屋や路面のコンクリートが割れている様子も記録されている。（QRコード②）

阪神淡路大震災では淀川下流域の堤防が大きな被害を受けた。特に

傾いた道路を歩く撮影者の孫。

大きな地割れが起きた地面。

左岸下流域の酉島地区は最も大きな被害を受けて、約２㎞にわたり堤防が最大３ｍも沈下した。沈下後の堤防の高さが海水面より高かったために浸水する被害はなかったが、もし沈下規模がさらに大きければ甚大な浸水被害が生じるところであった。また、津波が発生していれば大阪市中心部が浸水する恐れもあった。

本書の読み方

1

タイトルに関する映像のQRコードをまとめています。ページ右上の日付に撮影したものだけでなく、別の日に撮った映像もあり、さまざまな災害状況を伝えています。

2

映像は、スマートフォンに搭載されているQRコードリーダーを使ってご覧ください。意図していないQRコードを読み取ってしまう場合は、隣接するQRコードを手で隠し、再度スマートフォンをかざしてください。

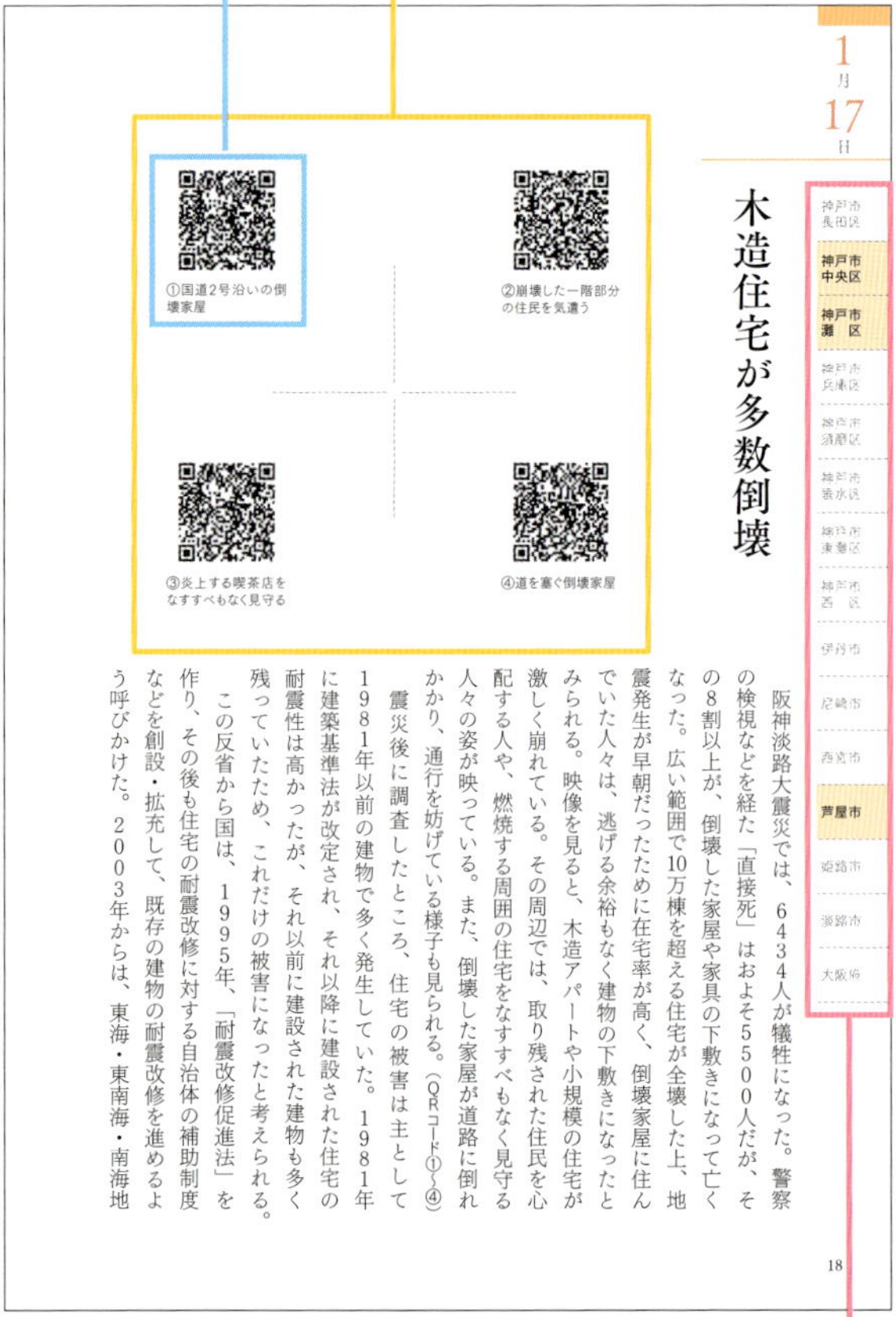

1月17日

木造住宅が多数倒壊

神戸市長田区
神戸市中央区
神戸市灘区
神戸市兵庫区
神戸市須磨区
神戸市垂水区
神戸市東灘区
神戸市西区
伊丹市
尼崎市
西宮市
芦屋市
姫路市
淡路市
大阪府

①国道2号沿いの倒壊家屋

②崩壊した一階部分の住民を気遣う

③炎上する喫茶店をなすすべもなく見守る

④道を塞ぐ倒壊家屋

阪神淡路大震災では、6434人が犠牲になった。警察の検視などを経た「直接死」はおよそ5500人だが、その8割以上が、倒壊した家屋や家具の下敷きになって亡くなった。広い範囲で10万棟を超える住宅が全壊した上、地震発生が早朝だったために在宅率が高く、倒壊家屋に住んでいた人々は、逃げる余裕もなく建物の下敷きになったとみられる。映像を見ると、木造アパートや小規模の住宅が激しく崩れている。その周辺では、取り残された住民を心配する人や、燃焼する周囲の住宅をなすすべもなく見守る人々の姿が映っている。また、倒壊した家屋が道路に倒れかかり、通行を妨げている様子も見られる。(QRコード①〜④)

震災後に調査したところ、住宅の被害は主として1981年以前の建物で多く発生していた。1981年に建築基準法が改定され、それ以降に建設された住宅の耐震性は高かったが、それ以前に建設された建物も多く残っていたため、これだけの被害になったと考えられる。

この反省から国は、1995年、「耐震改修促進法」を作り、その後も住宅の耐震改修に対する自治体の補助制度などを創設・拡充して、既存の建物の耐震改修を進めるよう呼びかけた。2003年からは、東海・東南海・南海地

18

3

映像に映っているエリアを表示しています。

第1章

大地震発生

発生の瞬間

阪神淡路大震災は、日本で初めて最大震度7を記録した都市直下型の大地震だ。そしてその発生の瞬間を、生放送していた朝日放送のテレビが記録していた。揺れの瞬間、出演者は悲鳴をあげながら上を見た。テレビスタジオの天井には照明がつり下げられていて、それらがぶつかり合って落下する危険を感じたからだ。そして十数秒後には停電し、照明が消えてしまった。非常電源が起動して音声が数十秒後に復活、その数十秒後に照明も復旧する。大阪は震度4だったが、映像が復旧するまでの間、出演者が思わず発している会話から、いかに揺れが大きかったかがわかる。この映像は、自宅で番組を録画していた社員から提供されたものだ。（QRコード①）

震源から東に数十km離れた大阪市北区大淀《おおよど》南2―2にあった朝日放送の社屋は、1階に入居していた自動車ショールームのガラスが割れ、事務棟とスタジオ棟の間をつなぐ部分などに大きな被害を受けた。しかし、大阪市内は電気の供給もすぐに復旧し、放送を継続することができた。一方、被災地は長期間にわたって停電に見舞われたため、テレビを見ることはできず、電池を使ったラジオが、情報を得る主な手段になった。

①発生の瞬間の朝日放送テレビ

出演者の悲鳴の後、スタジオの照明が消えた。

阪神淡路大震災が発生したのは、１９９５年１月17日の午前５時46分。当時、成人の日は１月15日に固定されていて、この年は日曜日に当たっていたので、翌16日の月曜日が振替休日だった。地震は３連休が明け、多くの人々が出勤する前に起こった。

日本で最大震度７の地震が発生したのも、この時が初めてである。気象庁が震度階級を０から７までの８段階にしたのは１９４８年の福井地震の後だが、それ以降、最大震度７を記録する地震は阪神淡路大震災までなかった。

１９９５年当時は、震度計による計器観測が試験的に行われている時期で、震度７については気象庁職員の現地調査によって決定することになっていた。現地調査を行った結果、神戸市三宮や淡路島の旧・北淡町《ほくだん》（現・淡路市）などで震度７に達することがわかった。さらに詳細な現地調査を行ったところ、震度７のエリアが神戸市須《す》磨《ま》区から西宮市・宝塚市にかけて東西に帯状に広がっていることや、また淡路島の北部にも震度７の地域が存在していることがわかった。こうした経緯から、震度７が発表されたのは、地震から約３週間が経過した２月７日だった。

木造住宅が多数倒壊

①国道2号沿いの倒壊家屋

②崩壊した一階部分の住民を気遣う

③炎上する喫茶店をなすすべもなく見守る

④道を塞ぐ倒壊家屋

阪神淡路大震災では、6434人が犠牲になった。警察の検視などを経た「直接死」はおよそ5500人だが、その8割以上が、倒壊した家屋や家具の下敷きになって亡くなった。広い範囲で10万棟を超える住宅が全壊した上、地震発生が早朝だったために在宅率が高く、倒壊家屋に住んでいた人々は、逃げる余裕もなく建物の下敷きになったとみられる。映像を見ると、木造アパートや小規模の住宅が激しく崩れている。その周辺では、取り残された住民を心配する人や、燃焼する周囲の住宅をなすすべもなく見守る人々の姿が映っている。また、倒壊した家屋が道路に倒れかかり、通行を妨げている様子も見られる。（QRコード①〜④）

震災後に調査したところ、住宅の被害は主として1981年以前の建物で多く発生していた。1981年に建築基準法が改定され、それ以降に建設された住宅の耐震性は高かったが、それ以前に建設された建物も多く残っていたため、これだけの被害になったと考えられる。

この反省から国は、1995年、「耐震改修促進法」を作り、その後も住宅の耐震改修に対する自治体の補助制度などを創設・拡充して、既存の建物の耐震改修を進めるよう呼びかけた。2003年からは、東海・東南海・南海地

密集した家屋が倒壊している。住家全壊は104,906棟にものぼった。

震の地震防災戦略として、耐震化率を10年で75％から90％にする目標が掲げられたが、２０１３年時点の住宅の耐震化率は約82％にとどまった。その年、２０２５年までに耐震性が不十分な住宅をおおむね解消するという目標が改めて立てられたが、名古屋大学の福和伸夫教授によると、既存建物の耐震改修はその後もあまり進まず、耐震化率の向上のほとんどは建て替えによるものだという。

木造住宅の平均寿命を50年と仮定すれば、耐震化されていない古い建物が毎年２％ずつ取り壊され、揺れに強い新しい建物に置き換わって耐震化率が向上する計算になるが、建物の寿命も年々伸びていることから、今後はさらに耐震化率の改善が伸び悩むだろうと福和氏は分析している。

また近年、少子高齢化が進み、古い住宅が放置されたり、古い住宅に住む高齢者が「自分が生きている間は、地震は来ないだろう」と考えたり、改修しない例も少なくない。新しい耐震基準で建てられた住宅でも、何度か地震を経験しているうちに、耐震性が低くなる「ゆれ疲れ」という状況も指摘されていて、次の都市型震災でも木造住宅の倒壊による被害が起こる可能性は、大いにあると考えておかなければならない。

高速道路の橋桁落下 前輪が落ちたバスの運転手は

②地震発生の瞬間を語るバス運転手

①阪神高速3号神戸線の橋桁落下現場

④今にも落下しそうな観光バス

③落下寸前のバスに乗っていた男性

阪神高速3号神戸線の倒壊は、阪神淡路大震災で最も知られる被害の一つだ。神戸市東灘区の深江本町付近で、635ｍにわたって高架道路が北側に倒れたのをはじめ、4箇所で橋桁《はしげた》が落ちるなどの被害があった。

橋桁が落ちたのは、大阪から約10㎞の、西宮市浜脇町・石在《いしざい》町付近。映像によると、連続する2本の橋桁が、神戸側を橋脚の上に残し、大阪側に向かって急なスロープをつくるような形で落ちている。地震の揺れによって橋桁同士がぶつかり合い、大阪側が落下したのだ。それに巻き込まれて、何台かの車は下に転落してしまっている。

橋桁の落下に巻き込まれず、前の車軸だけが落ちた状態でとどまった帝産観光バスは、前夜に長野県の野沢温泉から京阪神へ帰るスキー客を乗せて走っていた。京都と大阪でほとんどの乗客を降ろし、その瞬間に乗っていたのは、運転手と交代運転手、神戸で下車予定の女性客3人だけだったという。（QRコード①④）

「落下寸前のバスがある」というヘリの第一報で駆けつけた記者は、このバスの真下で運転手にインタビューをしている。

記者「地震の直後はどういう状況だったのでしょうか？」

高速道路が何カ所も寸断される中、かろうじて落下を免れた帝産観光バス。

バス運転手「走っていたら前の方で稲光のようなものが見えた。おかしいなと思ったら道路がグラグラっと揺れて、とっさにブレーキ踏んどったんですよ。止まったと同時に前の道路がバサッと落ちた」（QRコード②）

バスの真下の道路に佇む、運転手と交代運転手の2人。まだ興奮冷めやらず、何も手につかないという様子であった。縦揺れと横揺れが両方あって「恐ろしかった」と話している。（QRコード③）

高架橋は、地震の際に揺れが増幅されることが知られている。このバスの運転手も、最初の横揺れでは、バスが道路の側壁に当たらないようにすることで必死だったと証言している。2004年の新潟県中越地震では高架橋上の新幹線が脱線した。2011年の東日本大震災でも、2016年の熊本地震でも、新幹線が脱線していて、揺れの増幅が原因であったと考えられている。

東日本大震災の際に首都高速道路上で撮影された映像では、車内の人が飛び跳ねるぐらいの角度で車が揺れていた。高架上で緊急地震速報を感知したら、速やかにかつ安全に停車することが必要だ。

在来線・私鉄の寸断

①阪急神戸線の西宮北口～夙川間で落下した高架橋桁

②山陽板宿駅のホームの損壊

③空から見た阪神石屋川～御影間

④高架橋脚が倒壊し宙吊りの線路

30kmほど離れた大阪と神戸の間は、それぞれの街のベッドタウンとなっていて、六甲山と大阪湾に挟まれた南北わずか数kmの間に、阪急・JR・阪神と、3社の幹線鉄道が並行して走る、我が国有数の鉄道密集区間である。この鉄道を当時、毎日あわせて45万人が利用していたと推定される。3本もあれば、何かのトラブルである路線が運転を見合わせても、普段ならどれかに乗り換えて目的地にたどり着くことができるが、地震はそのすべてを、同時に、かつ壊滅的に寸断してしまった。

最も山側を走る阪急電鉄は、神戸線（三宮－梅田※）の三宮－西宮北口間で橋桁が落下したり、高架橋が1.6kmの長さで倒壊したりした。（QRコード①）今津線は、新幹線や国道の跨線橋《こせんきょう》が線路の上に落下し、運行不能となった。伊丹線の終点、伊丹駅は高架の駅舎が崩壊した。

JRは、神戸線の六甲道駅の駅舎部分が倒壊した他、高架橋や盛り土の法面《のりめん》の崩壊、駅舎のホームや線路の変形で運転不能となった。宝塚線も一部で施設が壊れた。（QRコード④）

阪神電鉄は高架の石屋川《いしやがわ》車庫が崩壊するなどし126両の廃車を余儀なくされ、高架橋の柱547本も損壊。復旧の見込みが立たないほどダメージを受けた。（QRコード③）

阪神大石駅付近で無残に崩れた高架と、脱線した列車。高架下のテナントは壊滅状態である。

この他、神戸高速鉄道は、阪急が乗り入れる三宮―花隈間で橋桁が落下したのをはじめ、大開駅、および大開―西代間で地下を走る上下線の中間柱が多数損壊、比較的安全と考えられていた地下構造物の弱点が露呈する「想定外」に見舞われた。また、神戸電鉄や山陽電鉄、ポートライナー、六甲ライナー、神戸市営地下鉄なども、路盤の陥没やホームの損壊、橋桁の落下など致命的な被害が発生し、長期にわたって運行できなくなった。（QRコード②）

当初、阪急電鉄の山口益生専務は「梅田―三宮が開通するのは早くても、1年半か2年はかかる」と予想した。筆者はこのコメントを報道で見た記憶があるが、そんなにかかるのか…と絶望的に思う一方で、あの被害状況なら仕方がないとも感じていた。ところが、関係者の懸命の努力で、阪神間の3つの主要路線は、4月1日のJR神戸線を皮切りに、6月1日の阪急神戸線、6月26日の阪神本線とわずか半年で復旧を果たした。取材映像アーカイブには、鉄路が着実に復旧するプロセスと、利用者の嬉しそうな表情が多く収められていて、それぞれに感慨深いシーンである。※現在、阪急・阪神各線の三宮駅は神戸三宮駅に、梅田駅は大阪梅田駅に名称が変更されています。（以下同様）

新幹線の損壊

①伊丹市野間で橋脚が折れ宙づりになった線路

②高架橋落下の瞬間の目撃証言

③高架橋落下現場を見上げる通行人

運転見込みが立たず途方にくれる客

交通インフラへのダメージでショックだったのは、山陽新幹線の橋桁落下など、致命的な損壊である。高架橋や橋梁《きょうりょう》は、兵庫県尼崎市で2カ所、伊丹市1カ所、西宮市4カ所、神戸市1カ所の計8カ所で落橋した。また高架橋の柱や橋脚、708本が損傷した。映像を見ると、高架橋を支える柱が押しつぶされ、内部の鉄筋がむき出しになって曲がっている。これによって橋桁が支えられなくなり、沈み込んだり、落下したりしている様子が伺える。（QRコード①③）伊丹市内の橋桁が落下した現場近くに住む住民にインタビューしている。それによると地震の衝撃で激しく落ちたのではなく、橋脚が損傷して重みに耐えきれず、ゆっくりと沈んでいったことがわかる。

記者「高架が落ちる時は、どのような感じでしたか？」

男性「ミシミシっていって、細かいのがバラバラと落ちてくる音が聞こえてきて、ゆっくりきて途中からドスンって感じで。その時に、縦に揺れたみたいな。そんな感じですけど」

記者「地震が起きて、外に飛び出されたわけですか？」

男性「いや、地震がきて、外で変な音がしたから窓開けて見たら、高架が崩れてきて…家の方に転けてきたらま

揺れに耐えられず橋脚がつぶれ、沈み込んだ橋桁。

ともに来ますやん？　それが怖かったんですけど。『止まってくれ』って祈る気持ちで見てたら、ドスンと止まってくれた」（QRコード②）

新幹線の営業運転は6時が始発であったため、地震発生の5時46分には線路上に乗客を乗せた列車はなかった。1992年に東海道新幹線に配備された早期地震警報システム「ユレダス」は、山陽新幹線にはまだ設置されていなかった。最高時速230㎞（当時）の列車が非常停止するには、1分以上、約4000mかかっていたとされ、地震発生が日中であれば、営業運転列車の脱線転覆、死傷者の発生は免れなかっただろう。

新幹線の不通は経済活動にも影響する。1月23日には福知山線や播但《ばんたん》線、加古川線を経由して迂回するルートで臨時列車が運転された。1月27日には仮復旧した中国自動車道を活用し代替バスが運行されたが、大渋滞のため途中で運転が打ち切られるトラブルもあった。ゆっくり沈むような落ち方をしたこともあり高架橋の橋桁部分は損傷がなく健全であったことから、これらを再利用する復旧工法が運輸省（当時）の指導のもと検討され、3カ月あまりでのスピード復旧が実現することになった。

臨海部で広がる液状化被害

①液状化で土砂が吹きあがり地面が茶色く染まる

②泥だらけのポートアイランド

③六甲アイランドのコンテナ埠頭の被害

④道路が泥の海になり立ち往生するトラック

大阪湾岸では20世紀後半、海岸を積極的に埋め立て、港湾施設や住宅地など積極的な開発が行われてきた。阪神淡路大震災では、この湾岸部を中心に大規模な液状化の被害が発生した。西宮市鳴《なる》尾《お》浜《はま》では道路が泥の海と化し、タイヤを取られて立ち往生する車も見られた。泥であふれた車道を避けて、車が歩道を走る様子も映像に残されている。（QRコード④）

神戸港では突堤が沈み込み、その上に建てられた倉庫が大規模に浸水した。コンテナ船専用の埠頭では、岸壁に設置した巨大なコンクリートブロックが揺れによって海側に押し出され、その分内側の地盤が沈み込んだ。コンテナを積み下ろしするガントリークレーンが大きく傾き、トレーラーは凹みの中に落ち込んだ。（QRコード①～③）

液状化は、埋立地や干拓地、かつて川だったところを埋めた土地など、地下水位が高くて、ゆるく堆積した砂地盤で起こりやすい。こうした場所が地震によって揺すられると、地下水と泥が混ざり、一瞬にして地面が液体のようになってしまう。被害は必ずしも湾岸部に限らない。２０１８年の北海道胆振《いぶり》東部地震では札幌市郊外の住宅地で大規模な液状化被害が起こった。谷あいの造成

液状化により、一面は泥の海に。動けなくなった車や、なかには歩道を走る車も。

地で、水を含むと流動化しやすい火山灰質の土が地盤に使われていたことが原因といわれている。

今は地面がほぼアスファルトで覆われてしまっていて、地盤や地下水位の状況を知ることはできない。私たちが気に留めていなくても、地中は過去の記憶を残している。地震で液状化すると、家屋に致命的な被害をもたらす可能性がある上に、避難行動の妨げにもなる。自分が生活している場所が過去、どのような土地だったかを知るには、国土地理院のウェブサイト「地理院地図」（https://maps.gsi.go.jp/help/intro/）が便利だ。

泥の海になったポートアイランド。（撮影：サンテレビ）

沈み込んだトレーラー。

真ん中の階が壊れた市役所・オフィスビル

①神戸市役所は6階が完全に押しつぶされた

②神戸交通センタービルも甚大な被害が

③今にも折れそうな明治生命ビル

④日本生命ビルのさくら銀行は窓ガラスが粉々に

神戸中心市街地のフラワーロードに面した、神戸市役所１号館。地上30階建ての瀟洒《しょうしゃ》な新庁舎は、市制１００年を迎えた１９８９年に建てられた。レストランや喫茶店のある高層階を展望室として市民に開放し、夜景も楽しめるデートスポットになっていた。

そんな市役所の建物には、当日の朝から多くの避難者が押し寄せていた。なかには、市の対応に不満をもらす人もいる。しかし、市役所は旧庁舎の６階部分が完全に押しつぶされ、大変な状態に陥っていた。

１号館の北隣には１９５７年に竣工した８階建ての２号館が建ち、土木局や住宅局、水道局、都市計画局などが入っていた。６階のフロアは水道局で、柱が上の階の重みに耐えきれず、押しつぶされるようにして崩れた。（QRコード①）清掃会社の社員１人が亡くなったが、地震発生が昼であれば、もっと多くの犠牲者が出ただろう。業務に必要な資料が取り出せなくなり、２月18日にそれらをクレーンで搬出する様子が取材映像アーカイブに収められている。

５階部分がつぶれ、入院患者ら47人が取り残された長田区の西市民病院も同様である。ＪＲ三ノ宮駅北側の日

6階が無残につぶれた神戸市役所2号館。

本生命ビルは4階が、またJR三ノ宮駅前の交通センタービルは5階が、フラワーロード東側の明治生命ビルは3階が、それぞれ無残につぶされていた。（QRコード②〜④）

建築震災評価委員会のまとめによると、50のビルで中間層が崩壊する同様の被害があったとされる。主に、建築基準法施行令が改正された1971年よりも前に建てられたビルに被害が多く、下層と上層で構造が異なるビルの接合部分、構造が変わる部分で発生した。これまでの国内の災害では例を見ない多さで、阪神淡路大震災はそれだけ、「下から突き上げる縦揺れ」が大きかったのではないかと分析されている。

震災後、この2号館はつぶれた6階以上を撤去して、5階建ての庁舎として2020年まで使われた。その後は、2025年を目指して、新庁舎や音楽ホールなどの文化施設・商業施設が入った複合ビルへと生まれ変わる予定である。

その後、多くのビルでは耐震補強が施されたが、建物の経年劣化がどう影響するかも懸念される。今後同様の被害が発生しないことを願うばかりである。

一階がつぶれたマンション

①傾いた市営住宅

②地震発生時をベランダで語る

③荷物を運び出す新青木アパートの住人

④「天井が落ちてくるかと思って…」

被災地では、1階部分が無残につぶれてしまっている建物が多かった。木造住宅でも1階部分がつぶれ、2階にいた人は助かったケースが多かったが、ビルやマンションでも同じ事が起こった。

東灘区本山南町にあった市営住宅は1階部分がつぶれる被害が出た。10階ほどのフロアがある高層マンションは遠目に見ても西に少し傾いていた。（QRコード①）地震の揺れと、マンション自身の重みに耐えられず、1階部分が押しつぶされたからだ。窓から外をのぞいた住民の男性に記者が声をかけた。

記者「どんな感じで揺れたんでしょう？」

男性「なんとも、もう無我夢中やから…こないなったんかな？　わからんわ。なんかもう無茶苦茶やで」

記者「ほとんど1階部分がないんですけど？　大丈夫ですか？　けがはなかったですか？　皆さん、逃げられたんですかね？」

男性「みんなあそこで退避してまんの」（QRコード②）

そこから200mほど南にある、神戸製鋼の新青木《おおぎ》アパートでも、同じようなことが起こっていた。こちらも10階建ての高層マンションである。エントランスのある

なんとかバランスを保っている高層マンション。低層階から傾いていることが、一見しただけでわかる。

1階がつぶれているので、上層階の住民はエレベーターで荷物を降ろすことすらできない。2階の通路から屋根伝いに荷物を降ろしている。（QRコード③）1階の住民は無事だったのだろうか。

記者「どうやって出たんですか？」

女性「男の方が誘導してくれて、1人ずつ隙間から出ました」

記者「1階は地震ですぐに崩れたんですか？」

女性「地震がおさまって、出た時にはもうこの状態で、1階はもうなかったんです」

記者「かなり揺れました？」

女性「もうすごかったです。天井も落ちてくるかと思って、もうこの建物はもうだめなんじゃないかと思ったくらいひどかったです。ドアが開かなくって、『助けて』とか言って窓から呼んで、向かいの方とかが助けてくれたので、助けが来るまでもう玄関が開かないので、もうめちゃくちゃで」（QRコード④）

1階部分には駐車場やマンションのエントランス、店舗などがあり、住居が並ぶ上層階とは構造が異なる場合が多い。こうした「ピロティ構造」の高層建築物で同様の被害がみられた。

大災害・停電…懸命の治療

①消防局前で手当する救急隊員

②ストレッチャーで運ばれる負傷者

③玄関前で懸命の心臓マッサージが続く

④けが人の手当

地震直後の中央市民病院（神戸市中央区）の様子が撮影されていた。これは、すぐ近くに社屋があったサンテレビジョンのカメラマンが撮影した取材映像である。ストレッチャーに乗せられて、けが人が病院内に運ばれていく。カメラがついていくと、ロビーは停電で真っ暗な状態であった。診察を待つ人らしき大勢の人影が見える。（QRコード②）目立つのは、診療のために医師や看護師が持っている懐中電灯の明かりや心電図モニターの光。そして、暗闇の中で心臓マッサージが行われている。病院のあるポートアイランドでは至る所で液状化も起こっていた。駐車場と病院玄関の間には1ｍほどの段差ができ、停めている車の前輪が持ち上がっていた。その車の脇でも心臓マッサージが行われている。異様な光景ではあるが、暗闇でやるよりはまし、という判断だったのかもしれない。（QRコード③）

野戦病院のような状態はここだけではない。西宮市立中央病院はロビーの電気はついているが、待合のソファーに診察待ちの患者が多数横たわっている。あちこちで医師が骨折や出血の手当を行っているが、とても手が回らないという雰囲気だ。（QRコード④）急変の患者を病室に運び込

医療機関で診察してもらえないため、なんとか応急処置で対処する。（撮影：サンテレビ）

むのだろうか、狭い通路を空のベッドを押して看護師が急いでいる。記者が診察待ちの夫婦に話を聞いている。

記者「どうですか？」

男性「痛い。動けない」

記者「どの辺りをケガなさったんですか？」

男性「鎖骨、骨折しとるんです。頭、右側。足の大腿骨《だいたいこつ》、タンスがガーンと載ってしまって、にっちもさっちも動けない。家内と2人、並んだままで動けない」

心配そうに奥さんが付き添っているが、診察まで時間がかかっているようである。

病院に行ければ、まだいい方である。神戸市消防局の前には、消火や救助を求める人が集まってきていた。なかには、けが人もいる。普段なら、市民が直接消防署にやってくることはないが、電話がつながらない状況下では、そうするしかなかったのだろう。しかし、病院に運んでも十分な診察を受けられないため、一部応急処置を消防署で施していたようだ。頭を怪我した女性に「とりあえずね、これだけしとこう。しょうがない」と声をかけながら、救急隊員が路上でガーゼを貼り付けている様子も取材映像に残っている。（QRコード①）

始まった救助活動・自衛隊の動き

①クラッシャーでの解体作業

②押しつぶされた駅の一階部を捜索

③倒壊家屋を解体しての救助活動

のこぎりで倒壊家屋の柱を切る隊員

阪神淡路大震災は、政治判断の遅れで自衛隊の出動が遅かったと批判されている。当時の村山富市総理は野党だった社会党の出身で、自衛隊をよく思っていなかったからだといわれているが、それが判断の遅れにつながったかどうかは、内心のことなので定かでない。ただ村山元総理は後に、著書の中で、『危機管理の体制に欠けていた』と、いかように責任を追及されても、弁明できない。お詫びをして反省する以外にない」と書いている。

総理だけではない。被災地・神戸も、地震発生まで、必ずしも自衛隊と関係の深い自治体ではなかったといわれ、これが災害派遣要請が速やかに行われなかった一因だとも批判された。

しかしながら自衛隊は、人命救助の段階から被災地で最大限活躍した。取材映像にも、崩壊した町を駆け巡る自衛官たちの姿が収められている。

阪急伊丹駅の駅舎倒壊現場でも捜索を行っている。自衛隊の施設の近隣で災害が発生した際、部隊長の判断で部隊を派遣する「近傍《きんぼう》派遣《はけん》」によるもので、伊丹市にある陸上自衛隊第三師団司令部に入った要請を機に午前7時半ごろ出動したという。（QRコード②）

西宮市安井町の倒壊家屋を手作業で解体する自衛隊。装備面の不足が目立つ。

西宮市安井町付近でも活動する自衛隊員を取材している。近隣住民とともに倒壊家屋を少しずつ解体し、下敷きになった人を救い出そうとしている。（QRコード①③）災害対策本部が置かれた西宮市役所の前には、多くの自衛隊車両が停められ、隊員らが市役所に駆け込んでいく。災害対策本部内のボードには午前9時58分に県知事経由で自衛隊に要請がなされ、午前10時19分に53名の隊員が市内に入ったと書かれているが、実際は午前8時20分には、同じく「近傍派遣」として動き出していたという。

ただ、当時自衛隊が災害派遣用に装備していたのはショベルやつるはし、ハンマー、ロープなどの軽装備。消防が持つ油圧ジャッキ、エンジンカッター、チェーンソーは持っていなかった。文字通り〝丸腰〟の状態だったという証言が多く残されている。しかしながらその後も、姫路の第三特科連隊や、海上自衛隊の阪神基地隊など、続々と被災地に入り活動を始める。そして165人の生存者を救い出した。

阪神淡路大震災は自衛隊にとっても、創設以来最大の災害派遣であった。この時の教訓は装備や連絡体制の改善に活かされ、以後の災害における活躍につながっている。

共助…淡路島の救助活動

①がれきの下から見える手を頼りに救出

②捜索を続ける旧・北淡町の消防団員

被害の状況について冷静に語る

情報収集する消防団員

阪神淡路大震災では、救助が必要になった3万5000人のうち、2万7000人が近隣の住民によって救出された「共助」であったことは、やはり特筆すべきである。なかでも震源に近かった淡路島の旧・北淡町（現・淡路市）では、多くの人が倒壊家屋の下に生き埋めとなったが、地元住民は発生直後から救助活動を自発的に開始し、がれきの下から約300人を救出した。

旧・北淡町の富島《としま》は、野島断層に最も近い大きな集落で、漁港を囲むように古い建物が密集して建っていた。淡路島は日本を代表する瓦の産地でもあり、多くの家は屋根に土を載せ、その上に重い瓦を葺いていた。地震の揺れで重みに耐えられず倒壊したと考えられる。

集落の取材映像で目立つのは、袢纏《はんてん》をまとった消防団員の姿である。午前8時半ごろ、倒壊した一軒の家屋に袢纏を着た消防団員がたくさん集まり、がれきを撤去する様子が映っている。最初は瓦を一枚一枚手作業で取り除いてゆく。さほどの緊迫感は感じられないが、すでに生き埋めになった人の居場所を突き止めているようだ。（QRコード②）救助が必要な住民は、崩れた壁や屋根の土に埋まってしまっている。土まみれの頭髪と手がかすか

旧・北淡町では地元の消防団員の活躍が目覚ましかった。（撮影：サンテレビ）

に動いているのが見えると「下を向いとけ」と声をかけながら急いで周りのがれきを取り除き、どこからかのこぎりを持ってきて、胴体の部分を覆っている建物をどうやって取り除こうかと相談する。映像はそこで終わり、救出される瞬間は映っていないが、映像記録には「無事救出」と書かれていた。（QRコード①）

その後、この男性がどうなったのか知りたいと思い、2019年12月に富島を尋ねた。残念ながら映像の男性はすでにお亡くなりになっていたが、当時消防団員だった近所の住民によると、「10年ほど前まで元気に過ごされていた」とのことで、ホッとした。

旧・北淡町では発生当日の午後5時には行方不明者がゼロとなり、捜索救助活動を終了したという。日常の暮らしを通じてお互いを熟知し、がれきの下で埋もれている人の位置を正確に推定できたことが速やかな救助につながった。

もちろん、共助の力で命が救われたのは淡路島だけではない。近隣の住民を救助しようとしたり、安否を気遣ったりする姿は映像の中に多く残されている。防災には近所のつながりが重要であることを再確認できる。

大開通の陥没と大開駅の崩壊

②道路が液状化で陥没し水没した車

①天井が落ち、柱が曲がった大開駅の惨状

神戸市営地下鉄でも同様の被害があった

③復旧工事が進む6月の大開駅

兵庫区を東西に貫く大開《だいかい》通が、地震後大きく陥没した。片側4車線の広い道路の中央が、中央分離帯を挟んで両側3車線分ほどにわたって大きく窪んでいて、車はその脇をおそるおそる通行している。穴には泥水がたまり、横切ろうとした車であろうか、軽自動車がタイヤの上10㎝ほどまで沈んでしまっている。（QRコード②）まるで液状化現象が発生したかのような光景であったが、原因は少し違っていた。

大開通の下には、阪急や阪神、山陽電鉄が乗り入れる神戸高速鉄道が走っている。陥没した付近の下には大開駅があった。上下線の線路を挟むように対面式ホームがあり、その真ん中の柱が、地上の道路を支える構造になっていた。1月30日、取材班が内部に入り、壊れた駅の様子をリポートしている。

記者「ホームを支えている中柱が全て曲がっています。鉄筋が全て表に出てきて、何か熱で溶かされたくらい曲がっています」（QRコード①）

2本の線路の間に立っている中柱35本が、地震の揺れによって折れ曲がり、天井の重みを支えられなくなって、120mにわたって天井が崩れ落ちた。被害はこれだけ

中柱が倒れ、天井を支えられなくなった大開駅構内。

にとどまらず、新長田－新開地《しんかいち》間では、約３６０本もの支柱が損傷した。駅部分の断面は長方形の箱形になっているが、その後の研究によると、これを平行四辺形にゆがめるような力が地震によって働いたとされる。これまで地下の構造物は大地震が起きても比較的安全とされていたが、それだけに大開駅の崩壊は地震学者やエンジニアに大きな衝撃を与えた。

その後、駅の復旧工事は地下トンネルの天井を大規模に取り払い、地上から資材を入れる形で進められた。６月にはその様子も取材している。（QRコード③）大開駅構内には神戸高速鉄道全線の主要な電気設備が置かれていて、これを動かしながら復旧作業を行う必要があった。また梅雨時の豪雨で雨水がトンネルの中に流れ込まないよう注意深く工事が進められた。

神戸高速鉄道は８月13日に全線で運転を再開したが、大開駅はこれに間に合わず、当面の間列車は通過することとなった。当初翌年の３月完成を目指していたが、昼夜を通して復旧工事を進めた結果、工期を２カ月短縮し、地震から１年が経過した１９９６年１月17日に営業を再開した。

木造住宅密集地の大火災

①わずかな水で消防活動を行うも、激しく炎上する建物

②放水の勢いで後ろに飛ばされる消防士

③逃げている間に家が焼けたと語る住民

発生から15時間経つも炎に包まれたまま

地震発生直後から、強い揺れに見舞われた地域のあちこちで火災が起こった。消防庁のまとめによると、地震による出火件数は、建物火災261件、車両火災9件、その他火災15件をあわせて285件とされている。1月17日午前5時46分から1月27日午前5時45分までの10日間に発生した火災を兵庫県南部地震に伴う火災としたが、あまりに広い範囲で燃え広がったために、正確な出火件数がつかめず、焼損範囲のまとまりごとに1件として扱わざるを得なかったという。

無数に上がる小さな煙の筋の中で、ひときわ目立ったのが、長田区周辺の大規模な火災だ。（QRコード①②）取材ヘリの記者は興奮気味に伝えた。

「現場は兵庫区から長田区、そして須磨区にかけての一帯です。この辺りで10カ所近くの非常に大規模な火災が起こっております。100m×100m、あるいはそれ以上あるかもしれません。火はまだ燃え続けております。しかし消防車の姿は1台もありません。救急車の姿も見えません」

記者の言う100m×100m、つまり1万㎡以上の火災は14件もあり、そのほとんどが長田区・須磨区で発

夜になっても火の勢いは留まらず、あたり一帯が火の海に。燃えかさる住宅の一部が崩れ落ちる。

生していた。まだ朝食の調理の時間には早いが、寒い朝だったために、倒壊した建物の下敷きになったストーブなど、暖房器具が火元となったものも多かったと思われる。風が弱かったので延焼スピードは遅かったものの、同時多発的に発生したために消防力が追いつかず、木造住宅や小さな町工場が密集していたエリアは、ほぼ全焼してしまった。避難している間に火災が広がり、帰ってみたら焼けてしまっていたという事例も多かったようだ。

女性A「丸焼けやわ。何にも残ってないもんな」

女性B「学校へ避難しとったんですけど、帰ってきてね…」

女性A「こんなことになると思わへんかったからね。何にも持ち出してないもんね。着の身着のままやからね。何にもないから」

女性B「焼けると思わなかったからね。地震だけで逃げとったから」

女性B「なんか信じられへんね。神戸で生まれ育ってね、この年になるまでね、初めてです」（QRコード③）

下敷きになった家族を救えないまま火が迫り、見捨てて逃げざるを得なかったというケースも多かった。あまりにも悲痛で聞いていても居たたまれなくなる。

水が不足 消火活動難航

①長田港から水を汲み上げる様子を語る消防隊員

②水がなく消火活動できない消防隊員

③民家を優先するよう指示する消防隊員

マンホールの水を汲みバケツリレー

震災当日、神戸市中央区の日暮《ひぐれ》通では、燃える住宅を見守る消防隊員の姿があった。

消防隊員「水がないからね」

消防隊員「水がないねん。貯水槽に水がないねん」

記者「貯水槽に水がない？」

消防隊員「全部。水道の水が出えへんからね」

消防隊員「貯水槽の水、３つ目」

記者「ああー、水道管が破裂したんですか？」

消防隊員「そやから、大事な水なんです」（ＱＲコード②）

近隣住民から、持っている布を濡らすよう頼まれて水を少しだけ出したが、燃えている家に向けて放水を続けようとはしない。さらなる延焼に備えて、できるだけ水を浪費しないようにしている様子が伺える。

市内では、消防用水を取り出す消火栓の多くが利用できなかった。水道管の被害や、停電による送水ポンプ不能のためである。神戸市は川や池などが少なく、耐震性の防火水槽も少なかった。使えた防火水槽も水の量が少なく、家一軒分の火を消す程度を放水するとなくなってしまったという証言もある。（ＱＲコード③）

水量豊富な自然水利といえば、海だけであった。ＪＲ

神戸市の水上艇からポンプアップし、約10台もの消防車を中継して現場へ放水した。

新長田駅の南方に位置する長田港には、多くの消防車が集結していた。ここから長田区内の大火災現場までは、1km前後もある。

記者「今、こちらではかなり消防車が連なって見えるんですが、どういう作業をしているんですか？」

消防隊員「防火水槽、消火栓の水がありませんので、神戸市の水上艇からポンプアップしまして、近くのポンプに中継して、最先端の現場へ放水しております」

記者「かなりの台数でリレーしているんですか？」

消防隊員「たぶん、10台近く中継していると思います」

記者「ここからどれぐらい先なんですか？」

消防隊員「たぶん500mか、700mぐらいだと思います」

（QRコード①）

水上艇「たちばな」の活動は、報道をはじめさまざまな文献にも記録されている。他都市から応援に入った消防ポンプ車などで中継し、数十本のホースをつないで火災現場に海水を送った。ただ、交通量の多い国道を横切らなければならず、車に踏まれてホースがしばしば破損し、交換を繰り返すことになった。そのため、消火活動は何度も中断を余儀なくされた。

西市民病院の救助「これは奇跡」

②つぶれたフロアにはまだ19人の患者がいる

①消防と警察による救助活動

患者の救出を待つ看護師

③救出された患者と対面した家族

神戸市長田区の神戸市立西市民病院は、5階が押しつぶされるように崩壊した。4階までは耐震補強が済み、5階以上の工事を行っている最中であった。『西市民病院月報』は、その瞬間をこのように記している。

「突然ユサッ、ユサッと床面が揺れると同時に停電となり、暗闇の中、ゴーッという音、バリッ、バリッと天井が落ちてくる音、何が何だか判らないままその場にしゃがみこみました。『地震だっ』そして私達の5西病棟は44名の入院患者とも押しつぶされてしまったのです」

閉じ込められたのは患者44名と看護師3名。その救出作業が進められる真横に取材陣がいた。

記者「神戸市立西市民病院5階です。つぶれています。この奥に19人の患者さんが、まだ残されているということで、現在、救助活動が行われています」（QRコード②）

映像によると、崩れた5階の天井は奥に行くほど低くなっているように見える。すき間をくぐるように、多くの消防隊員や警察官、病院関係者らが救助活動を行っている。（QRコード①）

消防隊員「歩けるか？」

看護師「ああー、頑張ったね」

押しつぶされた5階は、ベランダが外れ無残な姿になっている。

ロビーには、救い出された患者さんと対面し、無事を喜ぶ家族の姿があった。

記者「申し訳ございません。5階に入院されてた…」

患者の家族「家族です。今、5階の人が1人ずつ助けてもらってるところ。こんな状態で助かったのは奇跡やと思いますわ。重病の人もたくさんおりはったから、どこまで頑張って耐えれるかわかれへんけども。僕らも朝から来てるけど、入り口は僕らで到底開けられない状態。皆さん生きてると思いますので、よかったと思います」

記者「大変な時に。ありがとうございました」（QRコード③）

取材の直前、この男性は一瞬、「こんな時に…」と取材を渋った。しかし一度話し始めると、堰を切ったように今の心情を語ってくださった。その言葉には、レスキュー隊員や病状が重い患者さんへの気遣いなど、いろいろな思いが織り込まれていた。聞き手の女性記者が涙声になっていく。男性の感情が取材者に伝わり、その姿は視聴者の心に響く。この男性の言葉通り、病院の5階からは当日のうちに46人が救助された。入院患者が1人亡くなられたことが、残念でならない。

震災初日からスーパーに大行列

①入場制限でなかなか店内に入れないが、人々は冬の寒さの中、辛抱強く並ぶ

②店前にできた長蛇の列

③水を求め100人以上の列に並ぶ男性

④店先で商品を販売するチコマート

地震発生の当日、各地のスーパーマーケットでは早くも行列ができはじめた。西宮市のコープ浜甲子園店では「地震の為 開店見合せ」の張り紙にもかかわらず数百人が並んでいた。（QRコード①②）

記者「この前でも、100人以上並んでいて、まだ開店のめどがたっていないようですが、どうされますか？」

男性「もうどうしようかなって思って、帰ろうかなとか。お水さえ出ればいいんですけど。お水が出ないとちょっと困りますから、それだけです」（QRコード③）

たとえ建物の倒壊がなくても、ライフラインの停止によって日常生活はたちまち失われる。手分けをして食料や生活必需品の確保に走った様子が伺える。

同じ西宮市平木《ひらき》町にあるコンビニエンスストア「チコマート」では、地震で商品が散乱した店内にはお客を入れず、店先のドアのところで商品を売っていた。お客さんが自分で希望の商品を手に取れない状態でどう商品を選ばせたのか、レジが機能していないなかでどう精算したのか、さまざまな苦労が垣間見える。（QRコード④）

西宮市甲風園《こうふうえん》にあるコープの店舗に取材班が駆けつけた時には、並ぶお客さんを順次店内に入れ、商品を販売

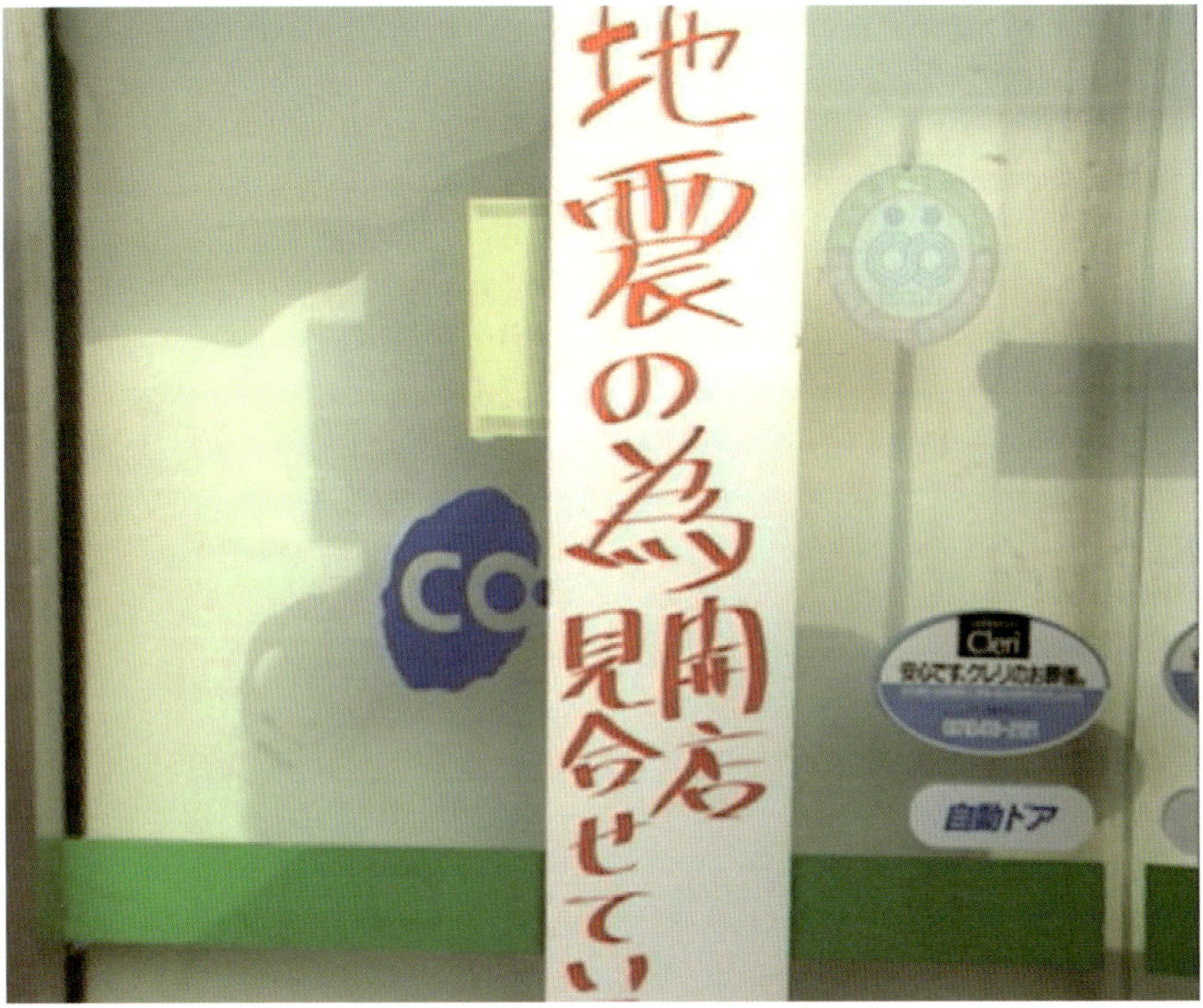

「地震の為 開店見合わせ」の張り紙をしてもなお、店前には100人もの人が行列をなした。

していた。店内から出てくる人は、大きな買い物袋を複数提げていた。中身までははっきりわからない。のどを潤すものは手に入ったのだろうか。

入場規制をしている人は店員らしい格好をしていない。とるものもとりあえず駆けつけたのであろうか。自らも被災していたかもしれないが、お客さんがいる限りは出勤して店を維持しようとする姿勢は、まさにライフラインを守るエッセンシャルワーカーだ。

兵庫県内に多くの店舗を持っていた大手スーパー「ダイエー」が、震災当日にいち早く営業を始めたことは、書籍やメディアの記事などで語り継がれ、広く知られている。当時、副社長だった中内潤氏は、日本経済新聞の取材に「被災した店では家族を差し置いて従業員が率先して店内に散らかった商品を片付けてくれた。店によっては従業員だけでなく、近所の被災者も片付けを手伝ってくれた」と話している。携帯電話やインターネットが普及しておらず、SNSなどというものもなかった。出勤するかどうかは自主的な判断にゆだねるしかないにもかかわらず、店が開いている様子を見るにつけ、パートさんをはじめとした従業員の職業意識の高さに感服する。

神戸市長田区
神戸市中央区
神戸市灘区
神戸市兵庫区
神戸市須磨区
神戸市垂水区
神戸市東灘区
神戸市西区
伊丹市
尼崎市
西宮市
芦屋市
姫路市
淡路市
大阪府

すし詰めの避難所

夜になると、昼間は自宅の片づけや救助を手伝っていた人々も避難所に身を寄せはじめた。地震が発生したのは1月17日。気候の穏やかな近畿地方ではあるが、真冬の寒さの中、外で夜を過ごすのは容易ではない。

西宮市立中央体育館には、大勢の避難者が押し寄せていた。深夜12時過ぎのニュース中継は、体育館の通路から始まる。

記者「こちらはおよそ600人を超える被災者の皆さんが身を寄せているそう。2時間ほど前に発表になった数字で、今はどんどん増えている気がします。大変な時に申し訳ないんですが、お邪魔してお話を聞きたいと思います。この避難所でも10分ほど前に、赤十字によって毛布が配られました」（QRコード①）

直後に取材を受けた女性は、夜まで使い捨てカイロだけで寒さをしのいだ。「毛布が配られてだいぶ助かった」と話しているが、体育館の中にスペースはなく、夜はロビーのベンチで明かすつもりだという。（QRコード②）

記者は「失礼します」と入り口で会釈し、体育館の中へと進む。多くの被災者を前に、相当気を遣っている様子である。事前に取材の旨を声掛けしていたのだろう、立

①人が込み合う避難所内部へ

②体を温めるのはカイロ1個

③「学校は満員」と屋外で焚火を囲む

④グラウンドでテント生活する避難者

体育館のフロアにはもうスペースがなく、仕方なく観客席に。

ち入りをとがめられることはないが、インタビューにはなかなか答えてもらえない。ようやく昼間、近所で救助を行っていた男性が答えてくれた。夕方の6時ごろこの避難所に来たという。男性は立って話していたが、座って体を休めるスペースはあったのだろうか。

兵庫区の新開地では18日、屋外で焚火を囲む人たちの姿が見られた。そのうちの1人は、「近くには学校がありますけど、学校の中はいっぱいで、もう満員ですから。入るとこも寝るとこもないんです」と話した。（QRコード③）

22日になっても、避難所の混雑は解消しなかった。長田区の御蔵《みくら》小学校の校庭で、雨の中にもかかわらずテント暮らしをする人に記者が聞いている。

記者「学校の中には入れないんですか？」

女性「もう満員。それにいろんな人がいるから…風邪を引いてる人もいるし、元気な人でも調子の悪いところが出てくる。食べ物が配給されているが、それだけでは済まない」（QRコード④）

寒い時期ということもあって、満員の避難所での暮らしは、感染症のリスクが高い。都市型震災の避難所は、決して「難を避けられる場所」ではない。

発生当日は「おにぎり半分」

①「食べる雰囲気じゃない」

②空腹に耐える避難者

③おにぎりはみんな1個ずつ

パンは配られるが…高齢者にはつらい

震災発生の当日となる1月17日夜、足の踏み場もないほどの体育館の中で、記者が避難者にインタビューしている。

記者「食べ物は？」

女性「おにぎりです。私のところは1つずついただけました。奥の方は、いただいてなかった人が多いと思います。ウーロン茶は奥から配られたけど、数少なかった」

記者「おなかすいてるでしょう？」

女性「すいてますけど、食べる雰囲気じゃないし、そこまで気持ちが…」（QRコード①）

翌朝、別の女性にも聞いている。

記者「おなかすいてません？」

女性「すいてます」

記者「昨日、何か食べました？」

女性「ここでおにぎりを半分ずつもらった。4人で2つもらった。それだけです」（QRコード②）

早朝の地震の後、1日目に配られた食料はわずか「おにぎり1個」だった。しかも、全員に行き渡らず、2人で半分ずつ食べた人もいた。その様子を知っているだけに、先の女性は「食べる雰囲気じゃない」といっているのだ。この段階では、食物アレルギーへの配慮もない。高

おにぎりの配給は1人1個。小さな子どもが口に合わないとぐずっている。

齢で歯が悪いから柔らかいものを…などの要望があっても対応できない。もらったおにぎりが口に合わないと泣いている子どももいるが、他に選択肢がないのだ。（QRコード③）

これは、この避難所固有の問題ではない。西宮市内の別の小学校でも、午後3時になって避難者に配られた救援物資のおにぎりは2人に1個だった。とても足りないので、買ってきたバナナを1人1本配ったという。さらに別の小学校でも、夕方に初めて届いたおにぎりの差し入れが490個しかなく、1000人を超える避難者全員に到底行き渡らないため、老人と子どものみに配布した。

別の自治体では、本部から「避難者全員にわたる数になるまで配布しないよう指示があり、切望する避難者が目の前にいながら配分できず、置いたまま腐らせてしまったという報告もある。

「避難所に行けば食料が得られる」と、漠然と考えているかもしれないが、決してそんなことはない。関係者が必死に調達を試みても、大規模な都市型震災の発災数日間は、避難者全員に食料が行き渡ることはないということを覚悟しておく必要がある。

初日からおにぎりがたくさんあった淡路島の避難所

①近所の救助に感謝する女性

②女性たちによるおにぎり作り

③おにぎりを食べながら夜を過ごす

④他地域に比べ避難所にゆとりがある

震源に近い淡路島の旧・北淡町では、被害を受けた家屋の30％以上が全壊であった。兵庫県全域の平均が約20％であることをみても、揺れの激しさを物語っている。ただ、全壊家屋数に対する死者数をみると、兵庫県全域での平均が100棟当たり6.1人であるのに対し、旧・北淡町では100棟当たり3.7人と、死者発生の割合が極めて低かった。共助の迅速さが人命救助に力を発揮したと言える。

旧・一宮《いちのみや》町（現・淡路市）の老人福祉センターに避難しているお年寄りに記者がインタビューしている。頭にけがをしているようで包帯が痛々しいが、言葉ははっきりしていて、救助を手伝ってくれた近所の人に感謝している。

女性「私、一人暮らしですし足も悪いので、ご近所の女性が飛んできてくれて、がれきの上を松葉づえ2本ついて側で支えてくださって、親切が身に染みました。助けてもらって、ここまで連れてきていただきました」（QRコード①）

インタビューの中身もさることながら、注目すべきはその背景である。テーブルの上に、おにぎりが山積みになっていて、温かいお茶もある。

これは地震発生当日の様子であるから、おにぎり1つ

女性たちが作ったおにぎりは、大皿に盛りつけられ避難者へ配られた。

を2人で分けて食べたという西宮市立体育館の避難者とは対照的だ。避難所内のスペースにも十分なゆとりがある。（QRコード③④）

農家や農協には、備蓄米や在庫のお米もたくさんあったと思われ、女性たちがおにぎりを次々と握っている様子も映っている。（QRコード②）都市ガスと水道に頼り切った「都会」と、プロパンガスや井戸水など、地域のライフラインが生きている「田舎」の差が出たと思われる。地域のつながりの強さが、避難所内の環境整備にもつながったに違いない。

避難所内の空気は穏やかに見える。

「窮屈ですがお互い我慢して」

ペットはどう避難したか

避難所によって、ペットの待遇は大きな差があった。

①避難所の外で不安そうなイヌたち

避難所のあちこちにペットたちの姿が

ペットは避難者の心の支えでもある

神戸市民の6.5人に1人が避難所に向かった阪神淡路大震災では、多くのペットも居場所を失った。避難所の外につながれ、飼い主が出てくるのを不安そうに待つイヌの姿も見られた。（QRコード①）避難所の入り口まで連れて行ってもらえればまだ幸せで、無人の家につながれたまま取り残されるイヌもいた。

一方で、イヌやネコなど動物が一緒に室内に入れた避難所もある。行政が「被災家族の一員」として保護するよう考えたためだ。ただ、動物アレルギーの人とペットを飼っている人たちとの間にトラブルが発生し、避難所の責任者の判断で、避難生活45日目にしてペットとその家族が全員退去させられた例もあったという。

イヌはかつて、番犬として屋外で飼われることが多かったが、集合住宅の増加や、飼い主の高齢化で散歩の負担が敬遠され、小型犬やネコ、ウサギなど室内で飼える動物を選ぶ家庭が増えた。その分、災害時になると、壊れた家や避難所の外に放置しておきにくい。あらかじめ避難所のルールを決めておくとともに、避難する側も、ペットの存在が避難の制約になりうることを認識し、次善の策を考えておかなければならない。

遺体安置所がない

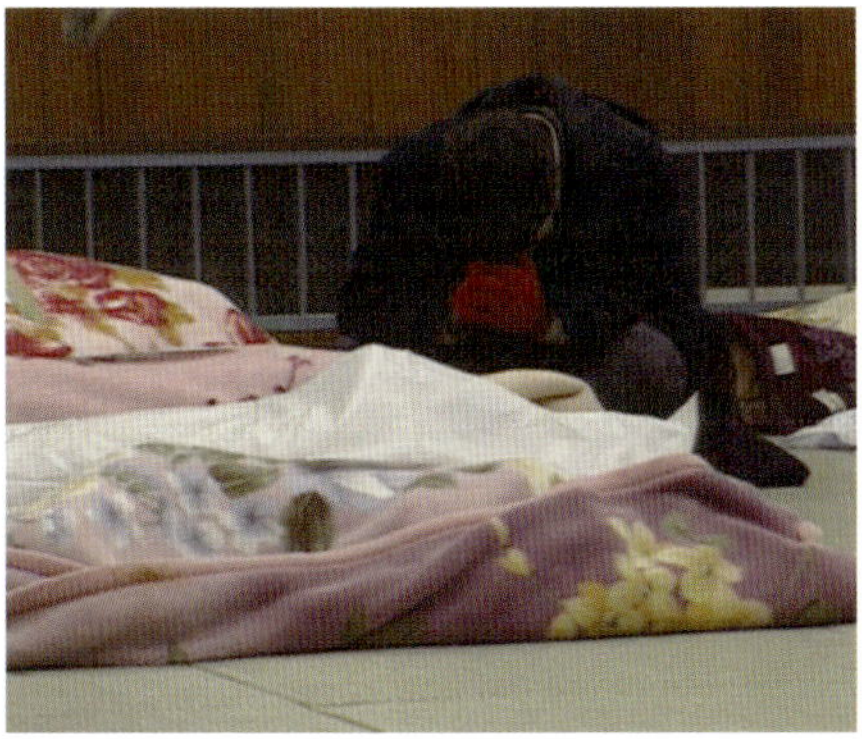

柔道場の畳の上に安置された遺体。棺の調達が追い付かず、毛布にくるまれたままだ。

①柔道場に次々と運び込まれる遺体

②たくさんの棺が並ぶ村野工業高校

葬儀の準備が行われる

発生当日、西宮市立中央体育館の柔道場には多くの棺が並んだ。この体育館は当初から、災害時の遺体安置所に指定されていたが、多くの死者が発生した上、道路の寸断や遺体を輸送する車両の不足が加わったため、最寄りの小中学校や公的施設など、想定していなかった場所にも安置しなければならなくなった。（QRコード①）

同様の光景を、長田区の村野工業高校の体育館でも取材しているが、こちらも事情は同じであった。長田区では当初、県立文化体育館を遺体安置所として予定していたが、その体育館が地震で損傷したためこの学校の体育館を安置所とした。搬送されてくる遺体の数は１００体を超えて増え続けたため、武道場や教室、テニスコートに張られたテントにも遺体が安置された。（QRコード②）

さらに、遺体を納める棺や、腐敗を防ぐためのドライアイスの確保にも苦労した。火葬する斎場の確保のため、神戸市は地震の翌朝から周辺自治体のみならず、京都、大阪などの政令指定都市にも応援を要請した。火葬場に大きな余力をもつ自治体は少なく、調整は容易ではなかったが、厚生省（当時）の協力も得て、19日には被災地全体で１日６４７体の火葬ができるようになった。

火災を前に為す術のない住民

被害の大きかった地域で火災が発生し、消防車の出動が見込めないとなると、もはや住民には為す術がなかった。倒壊家屋の下に生き埋めになった人が残されている場合には、そのまま見捨てることができず、火が迫ってもその場所を離れることはできなかった。

須磨区大田町の火災現場では一部の人々が窓にはしごをかけて、荷物を取り出そうとしているが、そうした行動に移れた人は、まだ恵まれていたのかもしれない。（QRコード①）

①燃え盛る商店街から荷物を運び出す住人

炎に包まれた家屋を前に立ち尽くし、「どないもでけへん」と話す。心の底から出た言葉だろう。

夜になっても続く火災の中車は渋滞

夜になっても消える気配のない火災現場の上空をヘリが飛んでいる。

「激しく燃えているのは3カ所。一帯は停電し見えるのは炎と渋滞する車の明かりだけです」（QRコード①）

地上では消防車が港から国道をまたいでホースを伸ばし、海水を使って消火活動をしていた。車に踏まれてホースが破損し、消火活動が中断したそうだが、車もホースを越える際に減速するので、渋滞は激しいものとなっただろう。

①上空から見る火災と渋滞の様子

停電で真っ暗闇の中、炎と渋滞する車のランプだけが不気味な光を灯す。

寺社仏閣にも被害

拝殿が倒壊し鳥居が倒れた生田神社境内。

①無残に倒壊した生田神社拝殿

②西宮神社の被害

③灯籠が倒れた伊弉諾神宮の様子

地震は寺社仏閣にも大きな被害を与えた。神戸市中央区の生田神社は拝殿が崩れた他、石の鳥居が折れ、楼門が傾くなどの被害が出た。十日戎で知られる西宮神社（西宮市）も本殿や国の重要文化財の「大練塀《おおねりべい》」などが倒壊した。長田神社（長田区）や湊川《みなとがわ》神社（中央区）、淡路市の伊弉諾《いざなぎ》神宮でも石の鳥居や灯籠が倒れる被害があった。寺院では、須磨寺（須磨区）の塔頭が倒壊した他、門戸厄神《もんどやくじん》の3つの門などが全壊した。重い瓦を載せた古い建物や、灯籠などの石像物は地震に弱い。地震発生時には近づかないよう気を付けなければならない。（QRコード①～③）

宗教施設の損壊は見る人にショックを与えたが、それだけに大きな協力も集まり、復興は早かった。西宮神社の本殿は1年で修復され、翌年1月には十日戎を行った。生田神社もわずか1年半で再建され、それまでの間にもさまざまなお祭りやイベントを行って被災者を勇気づけている。

我が国に伝わるお祭りの起源は災害であることも多い。災害直後にお祭りを行うことは「不謹慎」と批判されがちだが、それ自体が死者への供養でもあり、復興の力にもなるという側面も認識しておきたい。

水が足りない

①「水ぐらい持ってきてくれたらええのに」

「水なんかどこも出てない」

②「小さい孫もいるので…」

1月17日の夜、兵庫区の中道小学校（当時）を訪れると、多くの人がたき火を囲んでいた。アナウンサーが声をかける。

アナウンサー「すみません、皆さん夜はどうされますか？」

男性「そんなことはええけどな、水ぐらい持ってきてくれたらええのに。水がない」

アナウンサー「病院まで行くと給水車が来てたんですけど」

男性「そんなとこまで行けるかいな。命からがら逃げてきとんねん」

アナウンサー「食料もないわけですね、今？」

男性「今、食料は配ってもろうた。家族の分、今どないして持ってこうかな思うて」（QRコード①）

「水がない」というインタビューは、この後18日にかけてもあちらこちらで聞かれている。長田区でも、「小さい孫もいるので。ミルクを作る水もお湯もないし、食べ物はないので、ただお水だけでもあってくれたらと思っています」という声があがった。（QRコード②）

神戸市には100カ所以上の配水池があった。しかし、配水管・給水管が被災し、19カ所の配水池が地震後1～2時間で「水位ゼロ」になるなど、大量の水が流失してしまった。災害に備えた緊急遮断弁が機能した18の配水

かろうじて食料は配られたものの飲料水がない。避難者は皆、「水がない」と訴えた。

池では、あわせて4万トンの飲料水を確保することができたが、これを給水タンク車などで運ぶにあたり、交通渋滞や受け入れ先の調整、給水場所が被災者に伝わらないなどさまざまな〝目詰まり〟が発生し、計画的な給水を行うことは難しかった。その後、自衛隊や各自治体、ボランティアなども加わって給水支援が行われた。

災害時に必要な水は、小売店や飲料メーカーの在庫など「流通備蓄」で一定程度まかなわれる。しかし、倉庫に置かれている通常の在庫はわずかで、何十万人もの人が被災者になる都市型震災では、あっという間に売り切れてしまう。もし首都直下地震が発生すれば、国内のミネラルウォーターが2週間程度でなくなってしまうという調査結果もある。道路が寸断され、配送に従事する人も少なからず被災することから、物流も大幅に滞って、必要とする人に必要なものが速やかに届けられなくなる。とはいえ、平時ならバルブをひねれば蛇口からいくらでも出てくる飲料水。重い、かさばる、面倒くさいとネガティブな要素が多く、災害に備えて備蓄を継続することは現実的ではない。長期保存水の備蓄や飲用に適した井戸の確認、簡易浄水器の装備など、対策には工夫が必要である。

地表に現れた活断層

人の背丈ほどのずれが生じている。

①石材が外れた江崎灯台への階段

②道路がめくれ岸壁が盛り上がる

③活断層により農地が分断される

淡路島の北端にある江崎灯台は、幕末にイギリスの要求で開かれることになった兵庫港（大輪田泊《おおわだのとまり》）に船が入るための目印として明治初期に設置された。明石海峡に面した道路から一直線の長い階段で登るのだが、その階段が左右に大きくずれているところがある。阪神淡路大震災を引き起こしたとされる「野島《のじま》断層」の一部とみられる。映像を見ると、階段だけでなく島をめぐる道路もアスファルトがめくれあがって大きく隆起している。また、灯台の基礎部分や本体にも、亀裂やずれが生じていて、相当強いゆれに見舞われたことがわかる。（QRコード①②）

断層は淡路島の西岸をさらに南西方向に延びていた。稲が刈り取られた冬の田んぼに突如出現した段差は、上空のヘリコプターのカメラにもはっきりとわかるほどであった。旧・北淡町から旧・一宮町（ともに現・淡路市）にかけて断続的に地表に現れ、約9㎞の長さで確認できた。（QRコード③）

活断層によって切り裂かれた水田は、そのままの状態では水がためられず、耕作ができない。また地面のずれは、あぜや農業用の水路なども寸断し、復旧には多くの費用と時間を要した。

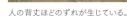

1月17日

阪急伊丹駅崩壊

阪急伊丹駅は2階がコンコース、3階部分がホームになった高架駅だった。地震発生時、駅に止まっていた4両の列車2編成は駅舎とともに崩れ落ちた。（QRコード①）入居していた店舗なども損壊し、1階の派出所にいた警察官1人が亡くなった。南側に続く高架橋も被害を受けたため、1998年11月の復旧まで約400m南側の仮設駅舎を使った。震災以降始まった伊丹線の単線運転は1999年春まで続き、復旧まで最も時間がかかった鉄道被害である。

①倒壊した阪急伊丹駅の駅舎

崩れ落ちた阪急伊丹駅。いち早く自衛隊が駆け付け、派出所にいた警官の捜索を始めた。

火災の中を自転車で通る

長田区周辺での火災映像を見ると、燃えさかる炎とそれを取り巻く人々の距離の近さが気になる。取材班は火の粉が舞い散る下で取材しているが、これも決して安全な行為とはいえない。（QRコード①）

1923年の関東大震災では、火災旋風によって多くの人々の命が失われた。当時は台風の影響で強い風だったが、阪神淡路大震災の発生日は風が弱かったために延焼速度も比較的遅く、火災旋風も発生しなかった。

①火の粉が飛ぶ火災現場周辺

炎を高く上げて燃え上がる兵庫区上沢通の倒壊家屋。風が強ければさらに危険な状況になったとみられる。

災害対策本部の中

①職員とマスコミ関係者でごった返す神戸市災害対策本部

②旧・一宮町役場の災害対策本部

③西宮市災害対策本部

④西宮市の職員と自衛隊員

17日の夜、神戸市役所1号館8階の災害対策本部は、スペースの半分をプレスルームとし、ホワイトボード3枚で緩やかに仕切った。ここに集まった記者に対し最新情報を積極的に発信し、テレビやラジオを活用して被災者に情報を伝えようとした。職員らが災害対応を行い、地図を囲んで対応を協議したり、電話で出先と話したりする様子がカメラにも収められている。ホワイトボードには対応状況を書いた紙が貼られ、それを見ると、行政が何をしようとしているのかがよくわかる。（QRコード①）

NHKや地元ラジオ局が、災害対策本部内のプレスルームに放送ブースを設けて職員が出演して放送を行ったり、テレビ局が災害対策本部の中から生中継をするなど、かなりオープンな形での情報発信が行われ、この方法については実際に取材した記者の間でも評価する声が多かった。自治体側から見ても、記者が近くにいることで、誤報やデマ情報、被災者に誤解を与えかねない情報を即座に訂正し、速やかに情報を伝え直してもらうことができたと評価する見方がある。

一方で、災害対策本部にマスコミが同居することで、災害対応が妨げられるとの指摘もある。災害時は、自治体

神戸市災害対策本部では地図を囲み職員が話し合う。なかには負傷した職員の姿も。

もメディアも情報収集と情報発信の業務に追われるが、そのコミュニケーションは不可欠である。さらに現在、1995年時点には存在しなかったメディアが生まれ、急速に普及し、そして変化し続けている。互いの労力を最小限にして、被災者のための情報発信が効率的にできるよう、自治体（発信者）とメディア（伝達者）双方で考え、最適な方法を研究し続ける必要がある。

なお、取材映像アーカイブには西宮市役所の災害対策本部、淡路島の旧・一宮町の災害対策本部の様子も収められているが、それぞれに地域性や情報のまとめ方にも違いが見られ非常に興味深い。（QRコード②〜④）

対応の様子が、緊迫した状況を物語る。

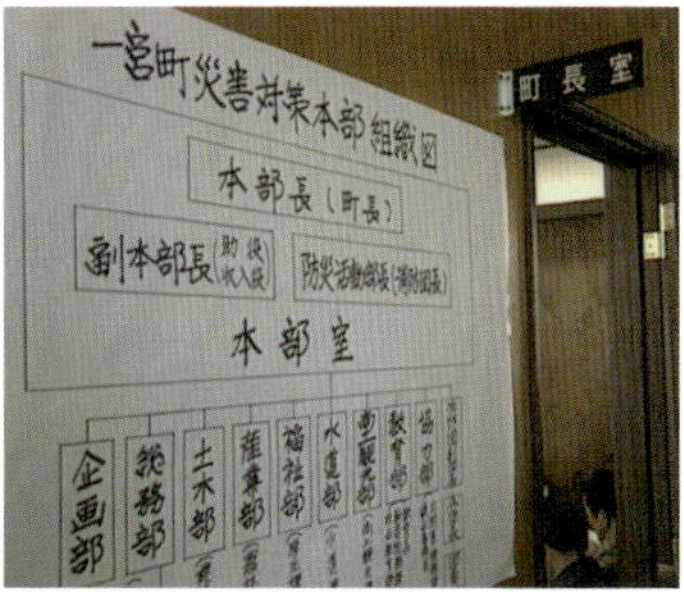

旧・一宮町災害対策本部の組織図。

足りない公助の手

家屋にバケツで水をかける住民。自力で消火する他、方法がなかった。

①マンホールの水を汲みバケツリレー

②兵庫警察署は屋外で業務を行う

自力で消火活動する地域住民

災害の発生直後、消火や救助には、近所の人々による「共助」が活躍した。神戸市中央区吾妻《あづま》通のアパートの倒壊火災現場では、多くの一般人が救助や消火活動のためにビルやがれきによじ登ろうとしている。須磨区大黒町では、近隣の人々が列を作りマンホールから汲んだ水をバケツリレーで火災現場に運ぼうとしている。（QRコード①）長田区四番町では、けがをして路上に倒れた人を一般の人が介抱し、駆けつけたパトカーに乗せる見事な連係プレーを見せている。

一方、本来こうした役割を果たすべき警察や消防など公助も苦闘していた。これまでにない被害に見舞われ、混乱の中で業務を行わなければならなかったからだ。

なかでも、兵庫警察署の被害は激しかった。1階がぺしゃんこにつぶれ、署員10人が生き埋めになり、1人が亡くなった。その状況下でも市民からの救助要請は殺到し、同時に留置場の容疑者の移動も指揮しなければならない。ある署員は鍵がかかった警察車両の窓を割り、中の無線で県警本部に署の被害状況を伝えたという。その後、屋外にテーブルを出し業務を継続する様子も取材している。（QRコード②）

第2章

混乱の中で

震災翌日に倒壊したビル

①道路に横たわる、巨大なコンクリートビル

②根元から横倒しになったとわかる、上空からの映像

JR三ノ宮駅からフラワーロードを少し山手に上ったところにある10階建てのビルが倒壊した。神戸の中心地、三宮を南北に貫くメインストリート。この道を倒壊したビルがふさいでいたら、否応なくカメラはそれを映していたであろう。しかし、発生当日の映像には、そのビルの様子は映されていない。そして翌日、記者がビルの前でこんなリポートをしている。

記者「一夜明けた、三宮周辺です。とにかく大変な被害です。巨大なコンクリートのビルが根元からごっそり横倒しになっています。烈震の衝撃をまともに受けた形です。実はこのビル、昨日は少し傾きはしていたものの、とても倒れるような気配はありませんでした。しかし今朝来てみるとこの通り、元は何階建てだったんでしょうか、一番上の階の部分が向かいのビルに突き刺さるような形で倒れています。このビルに行く手を塞がれたメインロードは、1km近くに渡ってヒビが入り、完全に機能を失っています」（QRコード①）

正しくは、このビルは烈震によって倒れたのではない。地震の後、見た目にわかるほど大きく傾いてはいたものの、17日には倒れていなかった。自らの傾きに耐えられ

完全に横転したビル。自らの傾きに耐えられなかったのだろうか。

倒壊の瞬間に横を歩いていたら、ひとたまりもない。

倒壊が、さらに避難者の移動を困難にしただろう。

なかったのか、それとも、余震に見舞われたタイミングで倒れたのか、目撃情報がないために定かではないが、衝撃的な光景である。いかに頑丈そうな建築物であっても、傾いた建物には不用意に近づいてはいけないという教訓をつきつけられる。

19日にはすぐさま重機による撤去作業が始まり、道を塞いでいたビルは、20日午前にはほぼ片付けられてしまった。（QRコード②）救助や復旧・復興のために道路をいちはやく開通させなければならないので当然だが、倒壊原因は十分に調査されたのか、気になるところである。

怒号が飛び交った、避難所の食料配布

被災4日目の避難所。バナナが配られる

①食料がなくなり苦情が募る配布所

おにぎりやパンなど配給が届く

配給の弁当をもらうため行列ができる

発生翌日の18日の午前7時、神戸市長田区の御蔵《みくら》小学校に、「米飯缶詰」と書かれた数十箱のダンボールが届いた。胸に神戸市のマークをつけた職員が配布の準備をするのを見て、避難所の一角に行列ができはじめた。並ぶ人の息は白く、表情はやつれている。

そして配り始める。表面には「とりめし」などと書かれ、ずっしりと重そうな缶詰だ。職員は「1人1個でお願いします」と声をかけているが、「家族の分も…」と複数もらっていく人もいる。そして、まだ長い列を残して缶詰を配りきってしまった。その代わりに配られたのはバナナだ。しかしそれも底をつき、どちらももらえなかった人が多数出てしまった。

職員「これで全部ですんで」

避難者「1つの家族で、4人くらいで10何個ももらった人もいる。でも、この辺の人たちはみんな家族が多いのに1つももらってない」（QRコード①）

職員のまわりに人だかりができ、怒号が飛び交って、一時騒然となった。

別の小学校でも、午前7時に用意されたおにぎり1000食があっという間になくなり、8時に配布されたカンパン

配布を担当した職員は、食料を受け取れなかった被災者から激しく詰め寄られた。

1200食も列を作った全員に行き渡らず、職員に「不公平だ。整理券を配れ」と詰め寄る住民もいたそうだ。

2000人〜3000人が避難したという兵庫区の小学校でも、食パン6000個と菓子パン3000個が届き、先生たちが配りはじめたが、なぜか数が足りなくなり騒然としたという。避難所にいない家族の分を欲しがったり、先々のために確保しておきたいと複数もらう人がいたりしたのだろうか。もしかしたら、避難所の外にいた人も、噂を聞きつけて並んだかもしれない。配る方の職員や先生たちは、並んでいる人の申告する数や事情を信用するしかなく、当初の見込みと違ってしまうこともありうる。

よく、「日本人は災害現場においても忍耐強く、紳士的に振る舞う民族」と言われるが、決してそうではない。特に「食」に関してはみな必死で、イライラが爆発する。一方で避難所担当の職員らが感じるジレンマも理解できるため、見ていて胸が痛くなる。こういった混乱に巻き込まれないようにするためには、あらかじめ自分が数日間食べる程度の食料を確保しておくしかない。そのヒントも取材映像に残されている。130ページでご紹介する。

水がなくなった街

①大小さまざまな容器を手に、自衛隊の給水車に行列をなす人々

②給水量が少なく不平を言う被災者

③水がなく、噴水で米をとぐ男性

翌日、給水とおにぎりの配給が開始

ライフラインが寸断された中で、最も被災者の負担となったのは「断水」である。停電は簡易発電機でしのぐことができるし、ガスの寸断はプロパンなどで対応できる。しかし水はその都度、容器に入れて運ばなくてはならないからだ。

当時、ペットボトルに入ったミネラルウォーターは販売され始めていたが、500㎖以下の小容量のボトルは解禁されておらず、1.5ℓや2ℓの大きなボトルしかなかった。輸入ミネラルウォーターには小容量ボトルがあったが、避難所で手軽に配られるほど普及していなかった。また、コンビニエンスストアの数もピークの2018年の半分ほどしかなく、ボトルに入った飲料を気軽に買うという文化はまだ成立していなかったように記憶している。それゆえ、飲料水の供給に活躍したのは給水車だった。

給水車は自衛隊をはじめ全国の自治体から駆け付けた。芦屋市役所前には翌日に滋賀県から給水車が来ている。給水車がやってくると、被災者は長蛇の列を作った。しかし持っている容器の大きさはまちまちで、大きなポリタンクの人もいれば、小さな水筒の人もいた。（QRコード①）大きなタンクに水を入れると時間がかかるし、並ん

噴水の底に砂が見え衛生的とは言い難い。だが、こうせざるを得ないほど水が貴重だったということだ。

でいるすべての人に水が行き渡らなくなる。できるだけたくさんの人に水を配るにはどうしたらいいか、行政の担当者は苦しい判断を迫られた。

芦屋市役所では、並んでいる人に平等に水を配るため一人2ℓずつ配ることにした。どんな大きさのボトルを持ってきても、牛乳パックで2杯分を計って給水する。しかし、3時間以上も並んだ人から、「わずか2ℓしかもらえないのか」と不満の声があがった。いちいち牛乳パックで計量する時間と手間がかかるため、このルールは撤廃されたようだ。（QRコード②）

飲料水以外にも水は必要である。ポートアイランドの国際交流会館前では、給水を待つ長い行列の脇で、噴水で米をといでいる男性がいた。「家に帰れば飲み水がありますから、水を張って炊き直します」と話す横で、別の男性は「トイレの水は、ここの水ですわ」と言う。最初の男性は「それ言われるとあまり食欲がわけへん」と苦笑いしているが、飲料水は何よりも貴重だったので、他の用途に使うのはもったいなかったのである。井戸水はもとより、破損した水道管からあふれた水、川の水など、ありとあらゆる水を用途に合わせて使うしかなかった。（QRコード③）

臨海部 ＬＰガスタンクのガス漏れ

①ガス漏れを起こしたガスタンク

②避難勧告を受け毛布をかぶって移動する人

地震発生の翌朝、テレビで避難情報が放送された。
「兵庫県から緊急要請が入っております。神戸市東灘区御《み》影浜《かげはま》町の、三菱液化ガスの2万トンタンクからプロパンガスが漏れ、広範囲に拡がっております。このため兵庫県警が爆発のおそれがあるとして、住民に避難準備を発令しました」

ほどなくして、ヘリからの映像が入ってきた。現場は東灘区の臨海部にあるＬＰガスの貯蔵基地。基地全体を見ると、地面が茶色く変色し、大規模に液状化していることがわかる。ガスが漏れているのは、3つある円筒形の白い大きなタンクのうち1つだというが、強固に作られているためか、タンクそのものには大きな損傷は見られない。ただ、タンクにつながる配管の基礎部分が、液状化で大きく揺れたため、タンクから配管が引きちぎられるようになって、そこからガスが漏れていた。

漏れたタンクの周りでうっすらと白くなっているのがＬＰガスとみられる。超低温で保存されているため、漏れると周りは凍ったようになるという。駆け付けた消防隊は、ガスが気化するのを遅らせようと、壁の内側に泡消火剤を撒いているが、すべてを覆いつくすには至って

LPガスが漏れ出たタンク。超低温で貯蔵されたガスが漏れると周囲のものをうっすら白く凍らせる。左側の白い液体は、気化を遅らせるための泡消火剤。

いないことが映像から見て取れる。（QRコード①）

ＬＰガスは空気より重い。漏れた時に備えてタンクの周りには高さ3.6ｍの壁がめぐらされていて、壁が健全なら直ちに爆発の恐れはない。しかし、この壁も液状化で歪んでいて、ガスが外側に漏れていることがわかった。そこで東灘区の災害対策本部は、周辺の住民に「避難勧告」を出した。

地域住民は、倒壊家屋での救助作業を打ち切って避難せざるを得なかった。タンクからより離れた避難所に荷物を持って移動する被災者もいた。（QRコード②）移動先となった御影北小学校では、避難者数が前日の６５０人から一気に２０２０人に増えた。教室に40〜50人が身を寄せ合い、廊下にまで避難者があふれたという。

避難情報の伝達にも問題があった。被災地の企業を対象に行われた事後アンケートによると、ガス漏れに関する避難勧告の対象エリアがはっきりせず、消防職員によって指示が異なり混乱したという。朝日放送でも、ほぼ同時間帯に複数の異なる情報がオンエアされた。停電で、被災者はテレビなど見られる状況ではなかったと思うが、発信者も伝達者も混乱していた様子が伺える。

倒壊した高速の撤去

①1月18日、阪神高速3号神戸線倒壊現場で車両の撤去作業開始

②20日、砂が積み上げられる

③22日、コンクリートクラッシャーによる作業

④30日、2車線化された国道43号

東灘区深江本町の阪神高速3号神戸線の倒壊現場では、速やかな撤去作業が行われた。長さ６３５ｍ、斜度45度をはるかに超えてそそり立つコンクリートの壁をすべて取り壊さなければならない。地震の翌日にはクレーンが何台も横付けされ、長いアームを「壁」の反対側に伸ばすようにして、倒壊に巻き込まれた車の撤去作業を始めた。まだ救出できていなかったドライバーの遺体搬出も行われている。本格的な撤去作業を行うために支障となる歩道橋などを解体する作業は、夜遅くまで続いた。

翌19日には解体用の重機が現場にやってきた。20日には大量の砂を積んだダンプカーが現場に砂を降ろした。作業中に余震が来るなどして、横倒しになった高速道路の床板が倒れてこないよう、クッション材として使おうというのである。この砂の山は６００ｍにわたって築かれた。

22日からは、コンクリートクラッシャーが橋桁の床板部分を砕き、撤去された部品が虫食いのようになっている。途中、押しつぶされていた自動車から出火するというトラブルに見舞われながらも作業は進み、24日には橋脚周辺部だけが残る状況になった。さらに3日後の27日には橋脚部分も含めてすべて撤去が完了。飴細工のように曲がった鉄

余震などの安全対策のために築かれた砂山。

筋も分別されてトラックに積まれた。持ち込まれた砂も含めて、すべてのがれきが撤去されたのは30日。この日の夜には高速道路が倒れ込んでいた国道43号北側の東行き車線も2車線が舗装され、両方向で車がスムーズに通行できるようになった。（QRコード①～④）

倒壊した高速道路を素早く撤去した結果、原因究明がおざなりなったのではないかという指摘や、解体より人命救助に重機を投入すべきだったのではないかという意見もあったが、あの状態で長期間置いておくのも危険で判断は難しい。言えるのは「作ったインフラは壊れる」ということであり、絶対に大丈夫ということはありえない。

コンクリートクラッシャーにより、虫食いのような状態になった床板。

完全に撤去され、跡地に東行き車線ができた。

国道を大移動する人々

車や歩行者が通行できた国道2号では、老若男女が行き来する姿が見られた。（QRコード①）ただ、道路には建物が倒れ込んでいたり、電柱が傾いたり、地割れがあったりして、歩道をすんなりと歩くことはできなかった。それを避けるため適宜車道に出る必要があるが、車道は車が数珠つなぎになっている。工事車両が車線をふさいでいる箇所もあり、人々はすり抜けるように歩いた。夜に歩く人もいて、道ばたに座って地図を確認する姿もみられた。

①バイクや自転車、徒歩での大移動

倒れた大看板のすぐ横を通る人々。こんな道でも通らざるを得ないほど、街全体が崩壊している。

使える物は何でも使う

地震の被害を受けた被災地では、生き埋めになった人々を救うための資機材が圧倒的に不足していた。長田区御蔵地区では、倒壊した住宅の内部に取り残された人を救い出すために、電気工事用の高所作業車がクレーン代わりに使われた。柱部分にロープをかけ、数台がかりで建物を持ち上げ、わずかな隙間を作ろうとしていた。（QRコード①）ライフラインの復旧にかけつけたところを、住民に頼まれて「転戦」したのかもしれない。まさに総力戦である。

①高所作業車でつり上げて救助を行う

現場には電気工事用の高所作業車が駆け付け、数台がかりで倒壊家屋を持ち上げる。

地震から2日目 救助される人々

救助された男性が運び込まれたのは消防車。宝塚市消防本部のものだった。

①33時間以上ぶりに無事救出

被災地の取材では悲しい情報に接することが多く、記者はやるせない思いでリポートすることが多い。しかし、芦屋市の倒壊したマンションの前からのリポートは、声に力がこもっている。

「このマンション、6階建てのマンションですが、1階部分に3人の方が埋まっていました。そのうちの1人の方、意識がはっきりしています。今、救出されるところです。地震発生から33時間以上がたちましたが、1人の方が救出されました。意識ははっきりしています」

毛布にくるまれて運び出された生存者は、救急車ではなく消防車に運び込まれた。他の現場でもまだ総力戦の救助活動が続き、救急車を回せなかったのだろう。見守っていた人々から拍手がわき起こる。被災者に、わずかながら救われた気持ちが広がる瞬間である。（QRコード①）

救出された人のうちの生存者の割合は、1月17日は約75％、18日は約25％、19日には約15％と下がり続け、20日、21日には5％前後にまで落ち込んだ。このことから、「生死を分けるタイムリミットは72時間」といわれるようになった。救助される側も、する側も、あきらめないこと、最善を尽くすことを望みたい。

時間差で起こった火災

①十分な消火活動ができない芦屋市大原町の火災

②避難場所まで火の手が迫る本山中町

③懸命の消火活動が続く本山中町の火災現場

④燃え盛る炎を前に泣き叫ぶ女性

1月18日の朝、芦屋市の大原町で突如火災が起こった。現場に記者が駆けつけている。

記者「午前6時です。今、火事が起こりました。1つの民家で起こった火事が、どんどんどん火が隣の家に広がっていっています。水が全然足りないんです。消防車が来ているんですが、水が全然足りません。人がここにまだいるかも確認されていません」（QRコード①）

地震発生から24時間近く経過して火災が発生するなど、誰も予想しなかっただろう。水道が復旧していないために水が不足しており、難航する消火活動に見ている人もやるせない思いを感じていたようだ。次々と起こる予想外の事態に怯えているのだろうか。取材映像アーカイブにはイヌが側溝の中で、震えている映像がある。

18日の夜には、東灘区の本山中町でも火災が起こった。夜に発生する火災は、避難をしている人にも大きな不安を与えたことだろう。（QRコード③）

記者「この火事、午後8時ごろから、倒壊家屋から燃え出しました。後ろの家屋に置いてあるプロパンガスに燃え移らないよう必死の消火活動が行われています。その裏には小学校があります。そちらは避難場所になってい

19日になって三宮の中心市街地で発生した火災。立ち上る黒煙が激しさを物語る。

ます。そこからたくさんの人が逃げています。今、西に向かって風が吹いていまして、避難場所のほうに向かって火が燃え広がっています」（QRコード②）

阪神淡路大震災では神戸市内で157件の建物火災が発生した。原因が特定できた55件のうち33件は、電気が復旧し、家電製品のスイッチが入ったことが原因の「通電火災」とされる。19日にも三宮センター街付近で火災が発生した。炎は大きく上がっているが消火活動はなかなか始まらない。付近を取材していたカメラが偶然に居合わせ、関係者の女性の姿を捉えた。「放送局がいるのになぜ消防車が来ないのよ」と泣き叫ぶ様子からも、火の回りの速さが伺える。地震の被害を免れ、「もう大丈夫」と安心していただけに、余計にショックが大きい。（QRコード④）

通電火災は、避難して人がいなくなった被災家屋から時間差で火が出ることが多く、発見した時にはすでに手が付けられなくなっていることも多い。こうした火災は、大きく壊れた家で発生すると思いがちだが、建物の被害は軽微でも、崩れた家財道具の下敷きになった家電品から出火することもある。「災害後に家を離れる時はブレーカーを落とす」ということを徹底する必要がある。

ライフライン復旧に各地から応援

①垂れ下がった電話線の補修工事

②復旧工事中にガス管から水が噴出

③雪が舞う中で行われた電気工事

④中国電力による復旧作業

阪神淡路大震災では、快適な都市生活を支えるライフラインが一瞬にして途絶え、復旧までに長い時間を要した。地上を経路として各家庭に届けられる電気や電話は1～2週間程度で復旧したものの、約50万戸が断水した水道は90日、85万戸が供給停止したガスは84日、下水道は仮復旧まで93日かかるなど、地下埋設管の復旧には大変な時間を要した。

電気は地震発生直後から、被災地域に関西電力が社員を総動員した。他電力の応援や協力会社の人員も含め、ピークには配電部門で1日4700名が入った。過去の台風災害時の経験を活かし、発電機車の燃料、操作に熟練した運転要員の他、これらの人員の当面の食料や日用品なども持ち込み、自己完結型の応援が行われた。

電話は、中国、四国、北陸などから11台の移動電源車が出動。交通渋滞を抜けて翌朝までに到着し、18日午前中には電源をつなぎこんで、ストップしていた交換機すべてが復旧した。通信設備では電柱約3600本、架空ケーブル335㎞、地下ケーブル26㎞などが被災した。通信業界やメーカーの協力で、全国から応援要員4000人が入り復旧活動を展開した。（QRコード①）

北海道から来たガス工事車両。ライフライン技術者が一丸となって復旧にあたった。

水道は災害時の相互応援協定を結んでいた12都市の水道局に応急復旧工事の支援が要請され、22日頃から応援隊が復旧作業を開始した。3月31日までに、全国43都道府県、241水道事業体からのべ4万7000人を超える派遣があった。

ガスも、全国のガス事業者による応援体制がとられた。1月19日に第1次隊1704名を送り込んで以降、震度7の地区に着手する3月には、応援要員は3700人を超えた。（QRコード②）病院、ごみ焼却場、斎場などに直結する中圧導管は2月上旬にほぼ全面復旧した。

アーカイブには、地震直後から中国電力や北海道ガスなど、各地の応援車両の姿を見ることができる。雪のちらつく中で高所車に乗り、作業にかかる姿には頭が下がる。（QRコード③④）先の見えない作業を着実にこなし、見事に復旧にこぎ着けたチームワークと技術を誇りに思う。ただ1995年以降、我が国の高齢化は急速に進んでいる。どの業界においても熟練した技術を持った社員が退職し、災害復旧に必要な技術者が不足する傾向にあるといわれている。これからもスピーディーな復旧が実現するかどうかは不透明である。

略奪されたらあかんから…

①警察の指示で開店を決意した店主

長距離を歩き、ようやく飲料水を購入

混乱する店内へ続々と入店

地震発生の翌朝。長田区内のコンビニエンスストアが開店していた。

記者「何時ごろ店を開けました？」

店員「店ですか、おまわりさんと機動隊が来られて、開けて売ってあげてくれと。じゃないと略奪されたらいかん言うて。8時ぐらいですかね。開けたの」

記者「その時にはもうずいぶん並んでいましたか？」

店員「(人が) かたまってましたね。開ける前から。本当は閉めてたんですけどね、昨日も」(QRコード①)

記者はあえて拾わないが、この取材でのキーワードは「略奪されたらあかんから…」である。店主は「ガラスが割られた」というようなことを話している。閉店している店の中に商品があると思った人が、ガラスを割って商品を奪おうとしていたのではないかと考えられる。

この映像は東京から取材に入ったクルーが撮影している。朝日放送テレビのライブラリーに保存された映像は、すでに編集済みのものしかなく、「割れたガラス」を映した取材映像は残っていない。それゆえ真偽のほどはわからない。

一部には「略奪などの騒動が起こらず、総じて被災者の

小さな店舗に大勢の行列ができる。なかには「まともに食べていない」という人も。

行動が冷静であったことが、日本人の美質として海外から評価された」との指摘もあるが、果たしてそう言い切れるだろうか。「震災発生当日、倒壊したデパートの貴金属売場に、関東からきた窃盗団が侵入した。繁華街の宝石店の多くが盗難にあっている。商店街や町内会は自警団を組織して自衛にあたった」という報告もあり、報道されない「犯罪」は決して少なくなかったと考えられる。

一方でこの報告にある「関東から来た窃盗団」という言葉は、かなり危険をはらんでいる。災害直後の不安な気持ちは時に人々を先鋭化させる。これまでの日本の災害の歴史を振り返ってみても、ある報道を起点にさまざまな流言《りゅうげん》が起こり、多くの罪なき人が殺害された事例がある。報道が騒擾《そうじょう》事件の引き金になり得ることを考えると、センシティブな部分を報じることを控えた当時のスタッフの判断は決して間違っていない。しかし、災害教訓としてガラスが割られた映像が残されていないことについては少し残念に思う。避難者やボランティアを狙った性犯罪もあったとも伝えられており、災害時はさまざまな角度から防犯を考慮する必要がある。

仁川百合野《にがわゆりの》町の土砂崩れ現場

①上空から見た、上ケ原浄水場と土砂崩れ現場

②土砂崩れ現場から救出された男性

③土砂崩れの現場から火災発生

二次災害を防ぐためのブルーシート

西宮市の仁川では大規模な土砂崩れが起こっていた。被害の大きかった三宮や長田、東灘から少し離れた内陸での被害である。崩れたのは、六甲山から東に向かって武庫川に流れ込む支流沿いの住宅街。高台の上に浄水場を作るために谷を埋めて作った人工的な「盛り土地」で、地下水位が高く、地震の揺れに耐えきれなくなって、10万㎥もの土砂が崩落したとみられている。（QRコード①）破壊された家屋は14戸。自らの自宅も被害を受けたという男性がその時の状況について話している。

男性「いやもう地震の直後にもうゴーッという音で。僕も下敷きになったんですけど、なんとか助かったんです。家族は4人とも無事で。2人ほど助けたんですけども、あともう手がつけようがないんで」

記者「今、どういう状況になんでしょうか？」

男性「土砂で埋まってますんでね」

記者「住宅は何軒もならんで？」

男性「ならびが…7軒、8軒です」（QRコード②）

地震によって引き起こされた土砂災害は、雨が降ると二次被害も予想される。17日の午後6時には西宮市が「崖崩れの恐れがある」として、避難勧告を出した。しか

南側(写真上方)から崩れた土砂は仁川をふさぎ、川の北岸(写真下側)の住宅数軒も押しつぶしたように見える。

し、多くの人がまだ生き埋めになっていた。本格的な捜索が始まったのは翌朝で、以降、夜を徹して行われた。土砂の下に埋もれた家がくすぶっているのだろうか、重機で掘り起こすと煙がわき上がる。遺体が搬出されると、泣き崩れる関係者の姿も見られた。この現場での犠牲者は34人だった。(QRコード③)

遺体の搬出が終わった後も、大量の土砂はすぐに運び出されることはなかった。雨に備えて土砂の上にブルーシートで作った仮設水路が設置されたが、地元の住民は土石流への不安を口にしていた。

「この間ちょっと雨が降りましたけど、一滴もシートの上からは流れませんよね。上のほうで水がたまって、徐々にこの土砂の下の川底を水が流れていると思うんですよ。それでたまった土砂が緩むと、いっぺんにドサッとくるんじゃないかと心配して、近所の人はいまだに靴履いて寝ておられます。梅雨時や3月の菜種梅雨も怖いですし。業者に頼んでぼちぼちやるより、自衛隊で一斉に一日も早くやってほしい」

その後現場には、地滑り資料館が設けられ、地滑りのモニタリングも続けられている。

堤防も崩れた

決壊したニテコ池の堤防。下段の池に水が流れた形跡がある。

①崩壊したニテコ池の堤防

②池周辺の道路も崩壊している

③淀川の堤防も大きく壊れた

阪神淡路大震災では、川や池の堤防が崩れた。西宮市のニテコ池は、アニメ映画にもなった『火垂るの墓』で、主人公の兄妹がこの池のほとりで蛍と戯れるシーンで知られる。閑静な住宅地に囲まれる上下三段の池だが、堤防が崩れた様子が伺え、壊れた堤防を越えて、下段の池に水が流れたようにも見える。下段の池の下流側にも住宅が広がっている。下流側の堤防も若干沈み込んでいて、被害が出る危険性もあった。（QRコード①②）

池は流れが少ないため、普段は洪水の危険性を感じにくい。しかし、地震によって堤防が崩れると水圧で一気に決壊する恐れがある。東日本大震災（2011年）では福島県の内陸で農業用のダムが決壊して人的被害が出た。ダム湖やため池の地震リスクを意識しておく必要がある。

神戸から30kmほど離れた大阪市の此花区でも、河口に近い淀川の堤防が大きく崩壊した。（QRコード③）淀川は明治時代に現在の流路に付け替えられた。湿地帯に人工的に盛られた土の堤防は、地震の揺れには決して強いものではない。とりわけ増水時に地震が発生すれば、地震と同時に浸水が始まる可能性もあり、複合災害のリスクを意識して、防災対策を進める必要がある。

被災地に向かって線路沿いを歩く

倒壊した高架をすぐ横に見ながら、人々は一心に被災地を目指して歩いた。

①張り紙がされたオートバイ

②駅で雨具を被って西を目指す人々

③大量の支援物資を持って歩く男性

地震直後、大阪から神戸に向かう鉄道のうち、もっとも神戸に近づけたのは阪急神戸線であった。また、被災地から脱出しようとした人も、大阪方面から来た列車が折り返す西宮北口駅を目指した。1月19日には、駅前に停められたオートバイの張り紙の映像がある。病人を運んで大阪に行くので、しばらく置かせてほしい旨が書かれている。（QRコード①）

また、地震後最初の休日となった22日は、ひときわ多くの人が西宮北口駅で下車した。親戚や知人に支援物資を届けるために、大きな荷物を抱えて電車に乗ってきたのだ。鞄の中にはお米や水、ガスボンベ、紙おむつなどが入っているという。しかしここから先は歩いて行くしかない。駅前では雨の中、荷物を整え、決意を固めて歩き始める人々の表情を取材している。バックパックを背負う人が多いが、キャスター付きのバッグを転がす人もいる。行く先には道路の凹凸も予想されるが無事に辿り着けたのだろうか。（QRコード②③）

西宮北口駅から夙川駅の間は、阪急神戸線の中でも最も激しく損壊した区間である。平衡感覚を失うような風景を横目に、多くの人が数時間かけて目的地を目指した。

焼け跡で小銭を探す

大きな火災が発生した長田区の御蔵地区で、焼け跡にうずくまり何かを探す夫婦の姿があった。

記者「何を探されてるんですか?」

女性「ここにお金が埋まってるんですわ。子どもの貯金箱が出てきてね、それが電話に使えたもんやから、ここの押し入れにね、お金いっぱい入れてたんですよ、小銭を。それがあればなと思ってね、電話かけるのに。それだけで来たんやけどね」（QRコード①）

そこに押し入れがあったかどうか、映像からは全くわからないが、そこには確かに小銭が残されていた。焼けて無残な姿になった小銭を、夫婦は細長い缶に入れて持ち帰るが、果たして公衆電話で使うことができたのだろうか。

１９９５年の3月当時、携帯電話の普及率は10%あまり。スマートフォンはまだ存在せず、ＳＮＳもなかった。その一方、公衆電話は80万台もあった。親戚や知人に安否を知らせるために、そして知人の安否を確認するために、人々は手元の小銭をかき集めて、公衆電話に並んだ。（QRコード②）だが、２０１９年には全国で15万台にまで減ってしまった。

①小銭を探すため自宅の火災跡を掘り起こす夫婦

②寒空の下、公衆電話に並ぶ人たち

焼け跡にはいつくばって何かを探す姿は異様に映ったに違いない。しかしそれだけ、安否確認の必要に迫られていたということを表している。

阪神淡路大震災直後の防災対策では、「非常持ち出し袋に小銭を入れておくこと」という項目があった。今は、携帯電話やスマートフォンに取って代わられた。出先でも充電できるよう、充電ケーブルと二股のコンセントタップを準備し、また親や祖父母など身近な人とＳＮＳでつながって、普段から使い慣れておくことも有効だ。

電波の隙間を使うＳＮＳの方が、通話よりも繋がりやすいといわれているが、５Ｇが普及するとどう変わるのだろうか。未来の災害対策では、安否確認の項目でどんなことが書かれるのか、大変気になる。

黒焦げになった小銭。

早朝から公衆電話に行列ができる。

空腹を救ったのは「冷蔵庫のお肉」

①ドラム缶で火を起こし肉を炒める

グラウンドでテント生活を送る避難者

暗闇の中、夕飯を食べるテント生活者

1月19日の夜、長田区御蔵小学校のグラウンドで、女性がお肉を焼いている。

女性「これは冷蔵庫で冷凍していたやつを拾ってきた。今のうちに食べられるものは子どもに食べさせて。みんな、身内どうしがかたまってるから。死ぬ時はみんな一緒やねと」（QRコード①）

3日目になって、避難所で食料が少し配られても、冷たいおにぎりやお弁当ばかり。避難所のインタビューでも「温かいものがほしい」という声が多く聞かれる中、グラウンドで火をおこし調理する姿はひときわ目立っただろう。取材班に対する答えが、少し「やけくそ」な感じもするが、その内容はすごく参考になる。「冷蔵庫で冷凍していた食材を拾ってきた」という点だ。この女性の家はおそらく電気もガスも水道も途絶え、普通の生活ができる状況ではなかったはずだ。ただ、冷蔵庫の中には食材があった。電気が切れて食材が腐る前に、せっかくなら家族で食べようと考えるのは自然な発想である。

内閣府は、南海トラフ巨大地震のように、非常に広い地域に甚大な被害が及ぶ大災害が発生した時、公的な支援物資がすぐに届かず、コンビニやスーパーの商品が売

「避難所へ行って食料を得よう」と考えるより、このように「自ら蓄えておく」という発想が必要だ。

り切れると想定し、「1週間以上」の備蓄を推奨している。非常食だけでなく冷蔵庫の食材を含めれば1週間分の備蓄は可能で、最初の3日間は冷蔵庫のものを食べてしのぐという算段だ。確かに冷蔵庫には、冷凍した肉や、冷凍食品、卵や牛乳、常備菜など、数日間、家族のお腹をある程度満たす食材が入っている。停電すると、冷蔵庫の中のものを早く消費しなければならないため、まさに急場をしのぐ「うってつけ」の方法である。

ただ、そのために大事なことは、地震が来ても冷蔵庫が倒れないようにすることだ。震度6強を超えると家具は必ず倒れると言われる。「冷蔵庫は重いから大丈夫」と考えるのは間違いで、背が高くて重い家具こそ倒れやすい。冷蔵庫が倒れると、中の食材が取り出しにくくなるばかりか、卵が割れたり水気のものがこぼれたりして、その他の無事な食材も使いにくくなってしまう。

冷蔵庫は、上部と天井を突っ張り棒で固定するだけで倒れにくくすることができる。背面の壁に固定するベルトストラップや、床と冷蔵庫の間に挟む転倒防止マットも有効だ。複数の方法を組み合わせて冷蔵庫を守る。これが、食材備蓄の第一歩である。

救助をめぐる葛藤

①捜索を断られ、涙ながらに訴える女性

②生き埋めの人を探し倒れた家の間をゆく

③電柱が倒れレスキュー車が入れない

自衛隊の捜索の様子

カメラは、やるせなく泣く女性の姿を捉えている。どうして泣いているのか記者が尋ねる。

女性A「母と姉です。毎日、毎日待っているのに…。どうしていいのかわからない。警察に何回も何回も言ってもね、『生存してなかったらだめ』って。そんな…だって生きてるかわからへんやん」

女性B「身内からしたら、すぐにでも掘ってほしかったのに、もうこんなに時間かかって…」

女性A「もう何回もここ通る消防士や警官の人を止めるんですけどね、だめって…。『応答がなければ』言うてみんな行ってしまうからね。どうしようもない。見てるばっかりで。早く出してやりたいですよ」（QRコード①）

地震の翌朝、実家に駆け付けたら、母が住む家は全壊していた。それまで、姉妹が交代で泊まりながら年老いた母を介護しており、震災当日には、姉が泊まっていたという。

阪神淡路大震災では16万4000人が、がれきの下敷きになった。8割は自力で脱出（自助）したが、3万3000人は救助が必要になったとされる。うち2万7000人が近隣の住民（共助）によって救出され、消

崩れた家を指差し、捜索を願う女性。家族を心配する心情を思うと、いたたまれなくなる。

防・警察・自衛隊が救出（公助）したのは約8000人だった。共助で助け出された約8割が生存していたのに対し、公助によって救い出された半数が亡くなった。やむを得ず公助にゆだねられたのは、それだけ過酷な状態にあった人たちだとも言えるが、救助・捜索を待つ間は、身内にとってはいたたまれない時間であっただろう。

生き埋めになった人が声を発しているかどうかは、救助の優先順位を決める重要な要素だった。発生直後の西宮市でも、レスキュー隊員が「とりあえず声が出ているというか、助けを呼んでる人から行ってる」と言いながら、救うべき人がいる場所を探していた。（QRコード②）

報道ヘリの騒音が、その声を聞こえなくしたという批判も起こった。物資輸送など支援のためのヘリも含めて、捜索の状況に合わせて、一定の間、上空を飛ばないようにする「サイレントタイム」の導入のきっかけにもなった。

声が聞こえても、物理的に救助に入れないこともあったようだ。東灘区の本山南町では、レスキュー隊を呼んだものの、電信柱が倒れて車が入れず後回しになったと話すインタビューもある。（QRコード③）

災害時のお金の問題

①預金の払出支援など、窓口業務を行う日銀神戸支店

②対応状況を語る灘郵便局の貯金課長

③暖房よりもオンラインの復旧を優先

④社員の給料を引き出しに来た男性

発生当日の17日は、兵庫県下に607店舗あった銀行のうち75%にあたる450店舗が休業を余儀なくされた。取材映像にも、さくら銀行神戸支店、兵庫銀行本店、幸福相互銀行兵庫支店、近畿銀行三宮支店など、壊れた銀行の建物が多く映っている。

ただ、こういった非常時こそ必要になるのが現金だ。日本銀行（以下、日銀）は大蔵省神戸財務事務所とともに、「金融特別措置」の発動に踏み切った。「証書や通帳がない場合でも払い戻しに応じる」「印鑑は拇印《ぼいん》でも可」「期限前の定期預金も払い戻しに応じる」などとした規定は、市中金融機関の取り扱いの指針となった。（QRコード①）

1月19日、営業を再開していた灘郵便局の貯金課長にインタビューしている。

「運転免許証とかね、保険証とか、私のほうで本人であることが絶対に間違いないと、何らかの形で確認できた場合は、何もなくてもそのままでお金を一定金額お支払いします。ハンコのない場合も拇印でいきます」（QRコード②）

1月20日には、店舗が倒壊した14の金融機関に対し、日銀神戸支店が臨時窓口を提供した。日銀内で他の銀行が

被災者の支払い請求に備え、現金を用意する職員。日銀支店の臨時窓口は広島の原爆投下以来だった。

営業するのは、1945年に原爆が投下された際、広島支店で行って以来50年ぶり。約3000名が来店し、総額15億円が引き出されたという。

21日には、三和銀行三宮支店の営業再開を取材している。店頭の張り紙には「お知らせ　自家発電により営業致しておりますので暖房はございません」と書かれている。ATMやオンラインシステムを動かすことを優先したのだ。（QRコード③）訪れた顧客は話す。

男性「社員の当面の生活費を渡したいと思って来た。当初10万円しかダメということでしたが、ここの銀行で取引していて口座番号と印鑑はありましたので、残高の範囲内で引き出せました。今からみんなに連絡して、当面の生活費を渡したいと思います」（QRコード④）

非常事態に従業員の生活を第一に考える、古き良き「日本的経営」が垣間見える。別の男性は「現金はふだんあまり使わない。キャッシュカード頼りにしている。便利ですが、こういう時は不便です」と話した。今後キャッシュレスが普及すると、現金を全く持たなくなる時代がくるだろう。その状況で大災害が起こり、端末が使えなくなったらどうするのか。対策を考えておく必要がある。

車に避難　車で避難

①車で避難生活を送る女性

②車に荷物を載せ親戚宅へ向かう

阪神淡路大震災では、車中避難を選ぶ人はあまり多くなかったが、それでも車に布団を積んで移動する人や、後部の荷室に調理道具などを積んで生活する人などが見られた。（QRコード①②）

２００４年新潟県中越地震では肺血栓塞栓症、いわゆるエコノミークラス症候群が11例発生し、広く認知されるようになった。死亡した４例はすべて車中泊をしていた人だったため、車中避難に対して注意喚起がなされた。しかし、大地震の際は余震が多く起こるため、倒壊の危険のある自宅にとどまることをおそれる人が多い。また、混雑して感染症の不安があったり、プライバシーのない避難所を敬遠して車中避難を選択するケースもある。

１９９５年当時４０００万台ほどだった自家用車の保有台数は、その後20年で６０００万台に増加した。より居住性の高いワンボックスカーの普及も特筆すべき傾向である。２０１６年４月の熊本地震では、気候の穏やかな時期だったこともあって車に避難した人が多かった。それを受け国会でも、大災害時における「車中泊」に関する質問主意書が提出された。政府は、「災害発生時には避難所に滞在することが原則だが、車中避難者は災害対策

避難所のグランドに止められた車。当時はまだワンボックスカーが少ない。

基本法で定める『やむを得ない理由により避難所に滞在することができない被災者』に該当する」とし、生活関連物資を配布したり、保健医療サービスや情報を提供するなど、車中避難者の生活環境の整備に努めなければならないと答弁し、車中避難を追認した。

　ハイブリッド車や電気自動車など、災害時に一定のライフライン機能を維持できる車が登場したり、ペットと一緒に避難できる、プライバシーが保てるなど、車中避難のメリットを評価する動きもある。災害時の使い勝手が車選びの基準になる時代がやってきている。

家財道具を車に積んで。

後部座席に置かれた調理用品など。

娘を運び出した捜索隊に大きな声でお礼

①倒壊した家屋の間取りを確認する自衛隊

②涙をこらえ娘の捜索を見守る父親

③涙ながらにお礼を言う父親

西宮市宮西町の倒壊したマンションで捜索が行われていた。建物は3階建てのようだが、1階部分が完全につぶれてしまっている。一家5人の家族と、一人暮らしの女性と連絡が取れない。電気が通ったからであろうか、捜索中に火災も起き、消防隊が煙に向かって放水する事態も起こっていた。一人暮らしの女性が住んでいるとみられる居室付近を捜すものの、ベッドのある場所に姿が見当たらないという。捜索にあたる自衛隊員は、彼女の家によく遊びに来ていた友人から内部の間取りを聞き取り、他のメンバーに伝えている。

「これが家の間取りなんだよ。これがベッドで、だいたいこの付近にあるんだよ。見つかった小銭入れは、この辺に置いてあったので、（家具が）こう倒れたのかもわからん。前の日は風邪ひいて早く寝たんだって。もともと早起きなんだって。起きたら、奥のところに、こたつがあって、ここに居るんだって。だから、ここ（ベッド）を探して居なかったら、奥の、こたつのこの辺の可能性がある。だから、もう1つ奥の可能性がある」（QRコード①）

連絡がつかない女性は、大阪の百貨店で販売員をしていた。鹿児島から大阪にやってきて20年勤め、朗らかな

娘の遺体を運ぶ自衛隊の背中を真っすぐ見つめながら、感謝の思いを語る。

性格から同僚や後輩たちに慕われていたという。震災前夜に電話をしていた同僚が「絶対に自室に居るはずなのに、連絡がつかない」と心配し実家に一報を入れた。それを受けてすぐさま父親らが鹿児島から駆けつけ、側で捜索の様子を見守っていた。（QRコード②）後輩にもらったという時計が見つかり、父の手に渡された。隊員が総出でロープを引っぱり、壊れた建物のすき間をこじ開ける。そしてようやく遺体が見つかり、毛布に包まれて運び出された瞬間、父親が大声で叫ぶように話し出した。

「消防さん、自衛隊さん、皆様方、お友達の皆様方のおかげで戻りました。娘もようやく草葉の陰で皆様方と会えて誠に喜んでいることと存じます。どうも皆さんありがとうございました。ご恩は忘れません。どうも、ありがとうございました。皆々様、ありがとうございました」（QRコード③）

亡くなった女性は、「長い間働いたので、そろそろふるさとに戻ろうかと思う」と周囲に漏らしていたという。もうすこし早く戻っていれば…という悔やみきれない思いを抑えつつ、まずは捜索に協力した人々に感謝の言葉を伝える父親の姿は、涙なしで直視することができない。

役場前に引かれた臨時電話

1月19日の長田区役所前、花壇の周りのコンクリートに、プッシュホンの電話がいくつも置かれた。話している被災者の後ろには、沢山の人が並び順番を待っている。蓮池小学校にもNTT（日本電信電話会社）の移動無線車がきて、臨時電話を開設した。

電話をしている人は、ホッとしたのか笑顔になったり、張り詰めた緊張が切れて、涙を流したりする。だれかの安否を確認し、自分の安否を伝えるということは、心を落ち着かせる「安定剤」の役割を果たす。（QRコード①②）

NTTは地震による停電と予備電源の損傷で、神戸市内8つの電話局、28・5万回線の電話交換ができなくなった。移動電源車が大阪をはじめ、金沢、広島、高松などから出動したが、道路の寸断でなかなか被災地に入れなかったという。しかし17日深夜に、葺合《ふきあい》、東灘、長田の電話局に復旧班が到着、18日の午前中までに交換機を全面回復させた。さらに避難所などでは17日の夜から避難者数の調査を行い、それに応じて衛星通信を使った特設公衆電話やFAXなどを設置、被災者の安否確認に提供された。

当時はまだ、携帯電話が十分に普及しておらず、固定

②臨時電話で連絡をとる人々

①安否確認し涙ぐむ女性

花壇の前にしゃがみこみ、必死に相手に話しかける。安堵したり、悲しんだり、電話口から聞こえる内容は悲喜こもごもだ。

電話が主流だったことは映像からもわかるが、当時の固定電話は、ファクシミリや留守番電話などの付加機能のないものであれば、外部電源がなくても使うことができた。消費電力はわずかで、電話線の差込口経由で必要な電流が供給されていたため、家の周りが停電になったとしても、電話線と電話局に問題がなければ通常どおり電話を受けたりかけたりすることができた。

その後、家庭やオフィスでは多機能電話が主流となり、インターネットを使ったＩＰ電話も登場した。ＩＰ電話によって通話料は安くなったが、モデムやルータなど周辺機器の電源が切れると使うことができない。災害時の強靭さは失われているといえる。携帯電話の基地局も外部電源で動いている。非常用バッテリーが装備されているとのことだが、停電が長期化するとバッテリーが切れ、基地局側で電波の送受信ができなくなる。手元のスマートフォンなどを充電できたとしても、通話ができなくなってしまう可能性がある。

安否確認のための通信手段を語る時、私たちは手元にある端末にばかり意識が向きがちだが、それがどんな形でつながっているのかにも、目を向けておく必要がある。

船で神戸を脱出

陸上の交通機関が寸断された神戸が、比較的幸運だったのは、南側に海が広がり、船という手段が使えたことである。ハーバーランドのフェリー乗り場には長蛇の列ができていた。レストラン船「シルフィード」や、大阪水上バスの観光船「サンタマリア」、共同汽船や徳島高速船の船舶を使って、大阪天保山までの臨時航路が開設されたのだ。まだ阪神間の鉄道の運行再開のめどが立たず、代替バスの運行も始まっていない状況で、神戸を脱出する貴重な交通手段となった。片道2時間船に乗ると、大阪では日常生活が可能になる。（QRコード①）

記者「きょうはお仕事？」

男性「仕事です。会社の皆に迷惑掛けてますんで報告がてら…。元気な顔を見せたいと思ってます」（QRコード②）

乗ろうとしているのは、ビジネスマンばかりではない。

女性「親戚のいる堺のほうへ行きます。しばらく、ご厄介になります」

記者「これまでは、避難所で生活されてたんですか？」

女性「いえ、家で電気もガスも水道もなく、ロウソクで生活してました」

記者「じゃあ、ようやくお風呂に？」

①大阪に向かう「シルフィード」。長い列ができている

②「今後の通勤手段になるかどうかはわからない」

③親戚の家に避難する親子「お風呂が楽しみ」

④この日就航の高速船は「思いの他、空いていた」

ハーバーランドに接岸した大阪行きの船。乗船を待つ客が長い列を作っている。

女性「そうですね。今夜は。期待してます」（QRコード③）

代替交通手段の輸送力に限界があったため、次々と臨時航路が開設された。六甲アイランド～弁天埠頭間、ポートアイランド東部の神戸シティエアターミナル「K－CAT」～天保山間、メリケンパーク～姫路間、メリケンパーク～明石間、メリケンパーク～西宮間などであったが、船や港の準備ができたものから順次開設されたので、就航日はガラガラに空いていることが多かった。メリケンパークと西宮を結ぶ航路が就航した1月24日、船から下りてきた人はインタビューにこう答えた

記者「この船のことをいつご存じになりました？」

男性「きのうの夜ですかね。ニュースで。まだ全然知られてないんですね。200人ぐらい乗れるのに、10人ぐらいしかいませんからね」（QRコード④）

別の乗船客は、須磨から大阪まで行くのに、徒歩や代替バスの渋滞を覚悟していたが、ラジオで航路が開設されることを知って乗ってみたという。この時は、鉄道代替バスが4時間以上かけて西宮－三宮間を結んでいたが、船での所要時間は40分だったという。災害時は特に、情報収集の差が時間の使い方を大きく左右する。

避難所で授乳する母親

地震発生から3日が経過した。平木中学校の教室で避難中の女性が授乳する様子をカメラが取材している。毛布などで乳児をくるみ見えないようにしているが、編集前の映像には乳房が映り、映される本人も撮影を拒む様子はない。そしてこの後、女性はインタビューに答える。その様子からも、女性は取材に対し決して悪いイメージを抱いていなかったように見える。

記者「赤ちゃんで一番大変なことはなんですか?」

女性「お風呂が入れないのでお尻がただれていた。毎日、お湯でお尻を洗ってたんですけど、今はできない。それがかわいそう」

記者「よく泣きます?」

女性「泣くのはおっぱいの時に泣くくらい。お尻だけがかわいそうです」(QRコード①)

人前での授乳については、時代によって見方が大きく変わる。筆者が子どもだった昭和の末ごろは、公的施設に授乳室などが完備されるにはほど遠い状況で、まだ人前で授乳する女性はいたと記憶している。しかし2017年1月、「朝日新聞」で、公共の場での授乳の是非を問う論争が起こった。公共の場での授乳は、ケープなどで隠

①避難所の中で乳児に授乳する母親

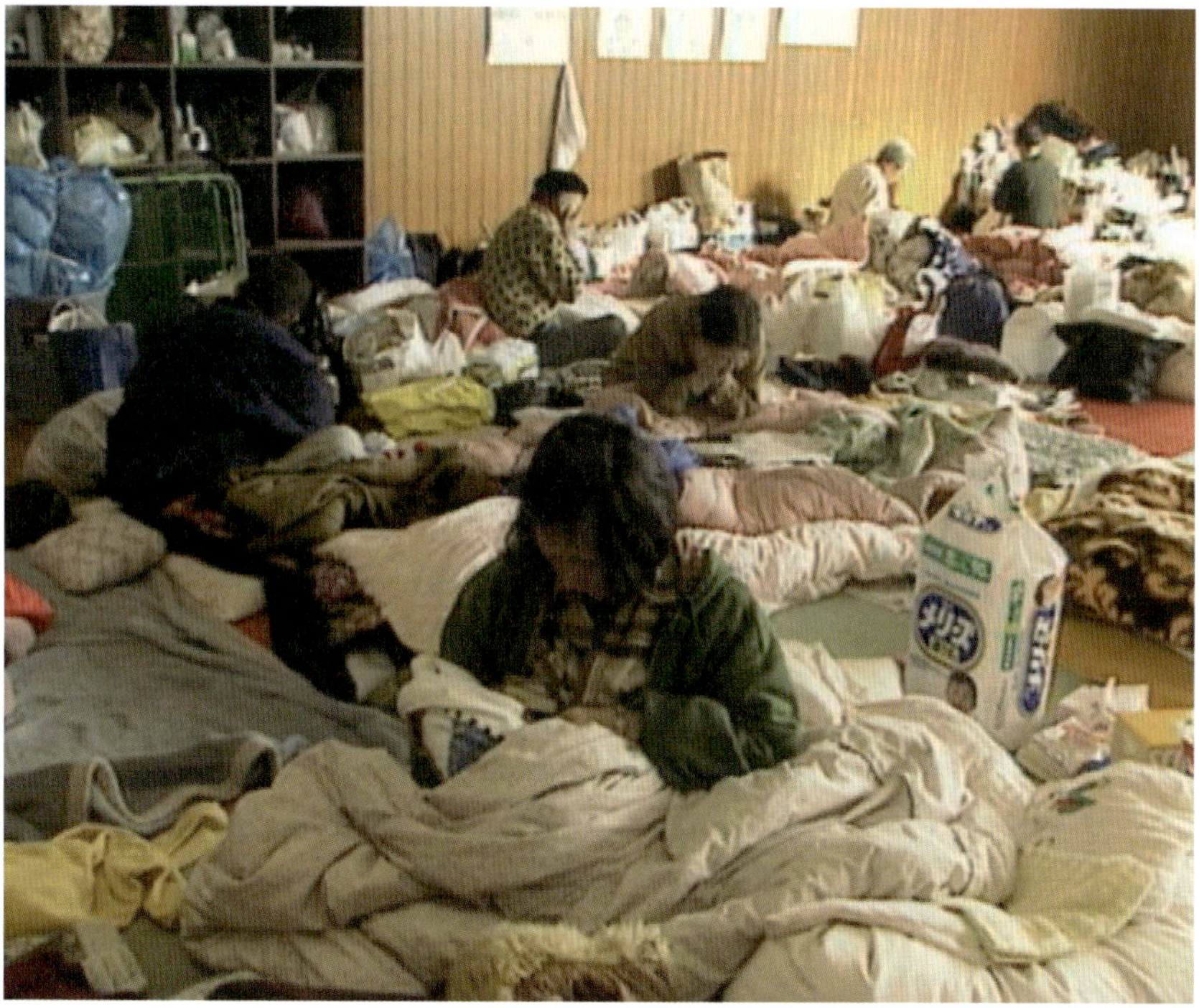

授乳する本人はもちろん、周囲も特別気に留めることはなく、ごく自然な光景として受け止めている様子だ。

しても「目のやり場に困る。授乳室でしてほしい」というものであった。投稿したのは女子大学院生。それに対して子を持つ女性は、授乳室などの設備が不十分な場所もあり、「目のやり場がないといわれてしまうと、もはやなすすべがない」と反論した。震災から約20年、授乳をめぐる考え方は大きく変わった。

粉ミルクが一般に普及する以前は、乳児を抱えるお母さんにとって「母乳が出る」ことは大変貴重であった。乳の出が芳しくない女性は、たくさん出る女性から母乳をもらって子どもにやることもよくあったと聞く。命をつなぐ営みとして、オープンな場で語られていただろう。

災害時は粉ミルクを溶かすお湯が手に入らず、哺乳瓶の消毒にも苦労する。赤ちゃんが安心して過ごすためにも、授乳環境は大切である。

少子化や近所付き合いの減少により、授乳風景を目にする機会はほぼなくなった。さらに少子化が進み、子どもを持つ母親が少数派になった時、避難所でのケアが十分に顧みられなくなる可能性もある。決して授乳の問題だけではない。たとえ少数であっても、困っている人に寄り添える災害対策が求められる。

本当に困った避難所のトイレ

①運動場に設置された仮設トイレ

②「トイレが一番不自由」

③校舎の常設トイレは使用禁止に

④汚物があふれたトイレの酷さを語るボランティア

震災から3日たったこの日、長田区の兵庫高校では教室までぎっしりとつまった避難者にバナナが配られ、給水車がやってきた。ただ、食べるものが少しずつ満たされると、困ったのはトイレだ。（QRコード①）避難所に身を寄せている男性が、インタビューに答えている。

男性「トイレが困る。うちは幸い、商店街で（建物の）形が残ってるから、台所にある大きな入れ物にする。ここの簡易トイレは踏んだら便がつくんですわ。増設してくれとるけれども、それが使えない。何が困るってトイレが一番不自由」（QRコード②）

避難所となる学校には、生徒が使う常設のトイレがそれなりの数、備わっている。しかし、地震で断水すると、たちまち汚物があふれかえってしまう。校庭には洗浄水を使わない仮設トイレが設置されるが、不特定多数の避難者がひっきりなしに使うので、それも汚物でいっぱいになって、トイレ内は足の踏み場がなくなってしまう。（QRコード③）

その状況が、映像に残されていた。同じく1月20日、灘区の成徳《せいとく》小学校で、取材班は避難所のリーダーの不満を聞いていた。「善意が集まり、食料は充足してきている。

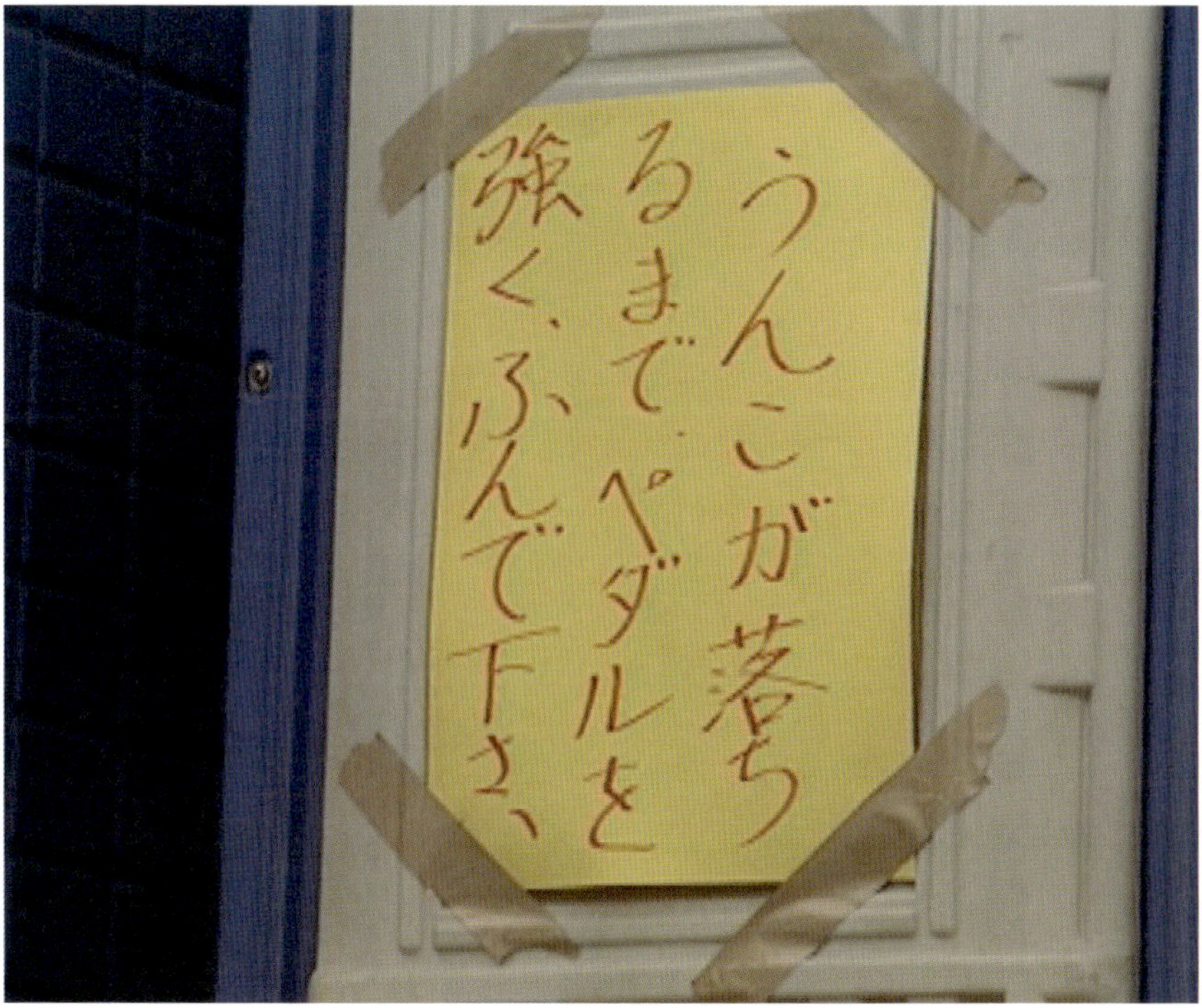

清掃が行き届かず便が詰まるのだろう、仮設トイレには注意の張り紙がされた。なかには使用禁止になっているところも。

そんな状況を映しに来てもらっても困る」というのだ。そしてカメラは、「まだ手が回っていない場所」として、汚物があふれた3階のトイレに案内された。

男性「こんなところで用を足せというのは無理でしょう。ドアが閉まらないでしょう。これが女の子のトイレよ。ボランティアが下の階から順番に掃除してはいるけど、上の階まで手が回らない。きょう初めてやもん、校内放送が使えるようになったんで、みんな出てくれるようになった。はじめは（協力してくれたのは）5～6人や」（QRコード④）

掃除をするための道具や水にも事欠く中、トイレの掃除は喫緊の課題である。避難所となった学校の先生が、スコップで掬って掃除をしたという話もあるが、本当にそれでいいのだろうか。内閣府をはじめ災害時のトイレ対策に関する指針は数多く出されていて、ボランティアや清掃業者の活用なども想定されているが、支援の手が入るまでは、避難者が自主的にトイレ掃除を行う仕組みも考えておく必要がある。同時に、感染症のリスクを考えると、食事の世話をする人と、トイレ掃除をする人を分けるという危機管理も必要だろう。

仮設住宅建設が始まる

家が壊れた被災者が多数発生し、早期に仮設住宅を作る必要があった。公園や学校のグラウンド、運動公園、工業団地、埋め立て地など、あらゆるスペースが建設予定地となった。重機も十分に調達できなかったのだろう。手作業で杭を打つ様子が取材されている。（QRコード①）

兵庫区の菊水公園野球場で建設していた作業員たちは、「寒い中、みんな避難所で寝ているので、なるべく早くできるように頑張る」と使命感にあふれていた。

①仮設住宅の建設風景

重機の確保もままならず、作業員は手作業で杭を打つ。

1月

阪神甲子園球場の被害

阪神甲子園球場は、アルプススタンドに亀裂が入り、グラウンドやベンチ裏への通路に泥水が噴き出すなどの被害があった。（QRコード①）球場は、かつて埋め立てられた武庫川の支流、枝川《えだがわ》と申川《さるかわ》の分岐点に建っている。地盤は必ずしも良くないだろうが、あれだけの巨大構造物がこの程度の損傷で済んだことは幸運だった。日本高等学校野球連盟は2月に春の選抜大会の実施を決定。急ピッチで補修工事が行われ、期間中は鳴り物なしの応援にするなど、被災者に配慮した措置が取られた。

①阪神甲子園球場の被害の様子

部分的に亀裂が入った甲子園。

第3章

懸命に生きた

ボランティアが入り始める

①大量に焼いた焼きそばやお好み焼きをバイクで配達

②「家におってじっとしていてもしゃあない」

③ドラム缶でお湯を沸かし仮設風呂

④「うちはほっといてくれ」と断られることも

1995年は「ボランティア元年」という言葉でその後も語りつがれている。阪神淡路大震災は、ボランティアが活躍した最初の大災害。取材記録を見ると、21日くらいから被災地でボランティア活動を取材している。

初期に多いのが炊き出しである。被災地ではライフラインの寸断で暖かいものが食べられないため喜ばれた。21日に東灘区の本庄小学校で焼きそばやお好み焼きをふるまった男性に話を聞いている。

「みんな熱いもん食いたい、にぎり飯が飽きたといっていた。うちもこういう商売してるから、家におってじっとしていてもしゃあないし」（QRコード①②）

他にも、水道設備会社が仮設風呂を提供したり、理美容師が避難者の散髪をしたりする様子を取材している。（QRコード③）ただ、善意の申し出も避難所によっては受け入れられないこともあったようだ。26日に西宮市立中央体育館でぜんざいの炊き出しをした男性は、

「正直申し上げると、（ボランティアを）申し出ても『うちは結構や』とボロクソいわれた所もありました。『俺のとこはほっといてくれ』って。悲しいですが仕方がない。僕らのやり方も悪かったんでしょうけど」（QRコード④）

大勢のスタッフで大型の鉄板を持ち込み、大量の焼きそばやお好み焼きを作ってバイクで運ぶ。

と話している。ボランティアは信頼関係で成り立つものだけに、これは仕方がない。駆けつけたボランティア自身は善意に溢れていても、被災者の中には被害の大きさに打ちひしがれ、素直に善意を受け取れない場合もある。暴言を吐く人や、配給の弁当を我先に奪い合う人を見て、現実にうちのめされてしまうボランティアもいた。

また、復興プロセスにおいては、ボランティアによる無償の物資・食料などの提供が、被災地内の飲食店、商店などの復興を妨げるとの指摘もあり、災害の規模や性質によって、最適なボランティアの在り方が問われる。

熱々のぜんざいには行列ができた。

ユニットバスによる入浴支援。

ボランティア医師の活躍

①「小規模避難所には支援が来ていないに違いない」と推測した医師

②診察を待ち望んでいた人たちが列を作る

③診察してもらったことが嬉しく、手を合わせる女性

④「低血圧だと思って看てもらったら高血圧だった」

災害が起こった時、被災地の医療施設や医療従事者の奮闘ぶりには頭が下がる。それとともに被災地外の医療関係者についても、支援モードへの切り替えの速さに感心させられる。阪神淡路大震災の際も、被災地の外から多数のボランティア医師が入った。

「地震が起きて世界各国から援助の申し込みがあるのに、近くにいる自分が何もしないのは…」

　と話すのは大阪府高槻市の整形外科医。地震発生から5日目に、内科医でもある夫人を伴って西宮市に入った。

「西宮市役所で『ボランティアに来ました』といったら、『派遣する場所がわからないので、登録して待機していただきます』といわれた。いつまでも待機しているので、自分で行きますといって食料配布の避難所リストをいただき、『規模の大きい所は常駐の医者が来てるだろう』と推測し、小規模な所を回ろうと思った。するとやっぱり一度も医者が来てなかった」(QRコード①)

　西宮市ではすでに医療ボランティアが入っていたが、巡回していたのは指定避難所のみで、マンションの集会所など、避難所に指定されていない施設に避難している被災者には支援が行き届いていなかった。この医師の直感

医師が巡回すると、不安を抱えるお年寄りが列を作って診察を待った。

は的中していたのである。自分の医院から医療器具や薬を背負って平木中学校に持ち込み、そこを拠点として周辺の小規模避難所を巡回した。診療を受けた高齢の女性が、拝むように礼をいう様子が印象的である。

「私ら、足が悪いから、市民グラウンドに避難してくれいわれたけど、歩いてよう行かん。死んでもかまへんから、ここへ置いてくださいいうて。だからここの人は2日ほど飲まず食わずだった。きのう初めて先生（医師）が回ってきてくれて、私ら血圧が上がってた。ほんで、私嬉しかって、先生にお礼いってるんです」（QRコード②③）

別の女性もほっとした表情だ。

「きょう、初めてお見えになったんです、地震以来、ふらふらしてるので、低血圧だからかなと思っていた。不安だったから見ていただくと、逆に血圧が160以上もありました。いままで血圧の薬をもらったことがなかったのに、生まれて初めていただいて…」（QRコード④）

この医師は、「自分は整形外科医なので、命にかかわるようなことはない」と謙遜する。しかし、災害が起こって不安を抱えた人々にとって、医師が訪問してくれることは大きな精神的な支えになることは間違いない。

学びの環境

①「ここで何とかやっていくつもり」と語る少年

②資格取得に向けて課題に励む女子大生

③「受験どころじゃない」

避難所の中で無邪気に遊びまわる子どもたち

日本国憲法は第26条第一項に、すべての国民がひとしく教育を受ける権利を保障している。第二項では、すべての国民に「教育を受けさせる義務」が課されている。災害時は緊急に、一時的にそれを停止せざるを得ないこともあるが、学校が避難所になったからといって、その状態が必要以上に引き延ばされることがあってはならない。

震災が発生した1月半ばは、卒業を控えた学生や生徒が、受験勉強や卒業論文などの提出課題に追われていた時期でもあった。避難所となった西宮市の公民館では、高校受験を控えた男子生徒が、家から持ち出してきたテキストを開いて勉強をしていた。とても集中できる環境ではなく、父親らしき男性も心配そうである。

記者「ここでは勉強はできない？」
父親「不便ですね。だけど、高校だけはどうしても出したい。こんな状態だから、勉強する所もないし」
記者「勉強は？」
学生「ここでなんとかするつもり」（QRコード①）

避難所の一角で切り絵細工のような作業をしている女子大学生にも記者が質問している。

記者「これは何をしている？」

本人の心境も、避難所の環境も、決して落ち着ける状態ではないが、それでも一人黙々と勉強に励む。

女性「卒業研究の課題です。資格に関わってくるんで、これを出さないと資格がもらえない」
記者「はかどってますか？」
女性「やる気が全然ない」（QRコード②）

教育や保育系の大学に通っているのだろうか、子ども向けの絵本を作っているという。遊ぶ場所がないために嬌声を上げて走り回る小さな子どもたちもいて、決して集中できる状況ではない。課題に追われていなければ、避難所の子どもたちを集め一緒に遊んだり、安全のために目配りができる保護者役になりうるのに、皮肉な状況である。

受験勉強のために避難所を移した生徒もいた。
学生「昨日、こっちに移ったばっかり。芦屋にいても情報も全然伝わってこないので、まず予備校に行けるように」
記者「予備校はやってる？」
学生「わからない。とりあえず足運んでみて…」（QRコード③）

避難所となった学校では、教職員が避難者の生活維持と学びの環境を復旧する2つの「業務」の板挟みになった。避難所とその運営を当たり前のように学校と教職員に頼るのではなく、子どもたちにそれらを早く返還できるよう、あらかじめ準備しておくことが重要である。

東灘区西岡本で避難勧告

大地震の後は、緩んだ地盤が雨で崩れる二次災害に注意が必要だ。阪神淡路大震災の後、初めてまとまった雨が予想された20~21日、東灘区西岡本、西宮市宝生《ほうしょう》ケ《が》丘《おか》など数カ所に避難勧告が出された。

東灘区西岡本では小規模な土砂崩れが発生した。道路が崩れ住宅の玄関部分に迫った。行政は付近の住民に避難を呼びかけるとともに、道路にビニールシートをかけて、雨水の浸透を防ごうとした。（QRコード①）

①ブルーシートで覆われた土砂崩れ現場

西岡本では、地震で水道管が破裂し土砂崩れに。雨でこの崩壊が拡大する可能性がある。

1月23日

鉄道の迂回営業

21日からＪＲ福知山線が全線で運行を再開し、播但線と山陰線を経由して迂回できるようになった。ＪＲ西日本は、この区間を直通する快速列車を1日1往復運転した他、播但線を走る臨時の快速列車を増便し、不通区間の乗車券を持つ乗客は、そのまま迂回ルートを利用できた。だが超満員のため、駅員は一歩でも奥に詰めるよう乗客に協力を求め、「和田山まで止まりません。絶対、和田山で降りられますから。心配しないで」と声をかけた。（QRコード①）

①「絶対、和田山で降りられますから」

和田山周りの臨時列車。駅員の懸命な声掛けがホームに響く。

水がない病院

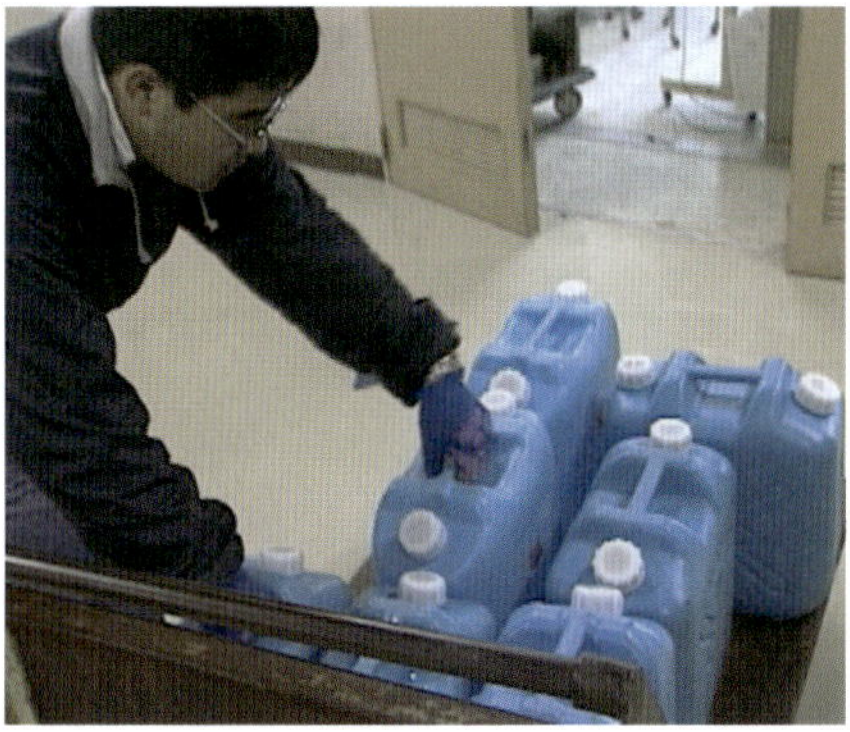

給水車で運ばれた水は、ポリタンクに入れて院内各所に配られる。

①ロビーに並ぶ、即席ベッド

②水の緊急性を説く医師

③水がないため洗濯もできない

神戸市中央区の神戸労災病院は、地震後も毎日多くの患者を受け入れた。避難所で水分を取らず、脱水症状になった人や、道にできた段差で転倒し頭にけがを負った人などが訪れ、ロビーでも、ソファーで臨時ベッドを作り患者のニーズに応えようとしていた。（QRコード①）

だが、そのボトルネックとなったのは水の不足である。（QRコード②）定期的に給水車が来てくれるようにはなったが、ポリ容器に入れた水を上の階に持って上がるのは重労働であった。滅菌した手術用の精製水は一日一人分程度しか確保できず、担当する医療スタッフの手の消毒や手術器具の洗浄にも事欠いたため、緊急の手術以外には対応できなかった。腎臓病の患者に定期的に行わなければならない人工透析では、薬液の確保にも苦労したが、さらに一人一回150ℓ以上の水が必要で、これをスムーズに確保することが課題となった。

この他、病院機能を維持するには、洗濯用の水やトイレを流す水など、さまざまな用途の水が必要だが、ライフラインが復旧するまでは、それらをすべて給水車に頼って確保するしかない。院内に貼られた「無駄づかい禁」の紙が、状況の切実さを物語っている。（QRコード③）

代替バス運行開始

①朝刊で代替バスの運行を知った男性

②渋滞の状況を語る代替バス運転手

③夜、代替バスを持つ男性

勤務終了後、代替バスを待つ公務員の女性

震災から6日が経過したこの日、阪神間を結ぶ鉄道3社が、不通になった区間で代替バスの運転を始めた。運転区間は当初、JRが甲子園口－三ノ宮間、阪急が西宮北口－三宮間、阪神が甲子園－三宮間で、午前6時半始発、午後10時終発と設定された。カメラは三宮駅でバスを待つ通勤の男性を取材している。

「きょうは三田経由でね、福知山線で出るつもりだったんですが、朝刊でこういうバスが出るっていうことを見たので、急きょ切り替えてきた」（QRコード①）

別の路線を経由したり船に乗ったり、長い距離の迂回を余儀なくされていた通勤客には朗報にも見えたが、当初は3社合わせても150台足らずのバスしか用意できなかったため、朝から乗れない人が出る状況で、神戸側の発着点である三宮では一時2000人以上の大行列となった。また夕方になると道路の渋滞が激しくなり、普段なら1時間もあれば着くはずの西宮と三宮エリアの所要時間が5時間を超え、帰宅者がバス停で2時間以上待たされるケースも出た。バスの運転手は疲れ果てている。

記者「何時間ぐらいかかりました?」

バスの運転手「甲子園を2時過ぎに出てきたので、6時間

ひとりでも多く乗ろうとするため、代替バスの中は大混雑。この状態で長時間の移動はつらい。

強です。灘の手前ぐらいから、ずっと渋滞していいます」（QRコード②）

バスを待つ乗客も悲壮感が漂っている。

記者「何時間ぐらいお待ちでいらっしゃいますか?」

男性「今でね、ちょうど2時間ですよ。大阪の寝屋川まで。大変ですわ」

記者「一般車両で、道が混んでいるようなんです」

男性「4時間か5時間かかるいうてますもんね」（QRコード③）

この人たちは何時に家に帰りつけるのだろうか。翌朝の出勤までに、どのくらい眠りにつけるのだろうか。

震災発生以来、大阪方面からくる電車は、JR線は甲子園口止まりだったが、1月25日には3駅先の芦屋まで延びた。また阪神線は甲子園までだった運行が、1月26日に8駅先の青木《おおぎ》まで復旧。これに伴い、代替バスの運転区間は短縮された。バスの台数も増やされ、運転本数は2月1日の段階で当初の3倍、2月17日時点で約5倍に増えた。また、鉄道からバスに乗り換える乗客が並ぶスペースを確保できるように、バス停はあえて駅から離れた場所に設置された。

西市民病院 深夜の診察

①「病院自体が今…」

②非常事態にも関わらず、被災者の診療に励む医師たち

③薬の見本を作る医師

④「何もできないんですから」

病棟の5階がつぶれ、建物に大きな被害を受けた長田区の西市民病院は、多くの入院患者を他の病院に移した。看護師らが住む寮も損壊したため、一部の看護師は病院に寝泊まりしながら、患者の多い他の病院の応援に行くなど、変則的な勤務を続けた。

一方で、避難所で体調を崩したり、地震や復旧作業でけがをしたりした人の救急外来は24時間体制で続けていた。この日も夜間診療に、のどの痛みを訴える子どもや、指をけがした男性らが診察に訪れていた。（QRコード①②）「通院していた病院が地震で休診し、主治医と連絡がつかない」とやってくる慢性患者もいた。

投薬にも苦労したという。持っていた薬を飲みきってから来院する患者が多く、病棟が崩れてカルテが取り出せないこともあって、これまでに飲んでいた薬の種類がわからなくなってしまったからだ。ある医師は、患者に思い出してもらうために、薬を一錠ずつ紙に貼って、「見本」を作ろうとしていた。（QRコード③）

この日当直だった若い医師は、診察の合間に、地震発生の日を振りかえってこう話した。

医師「最初は、患者さんが来られると、一生懸命救急蘇

深夜にも関わらず患者が絶えない。

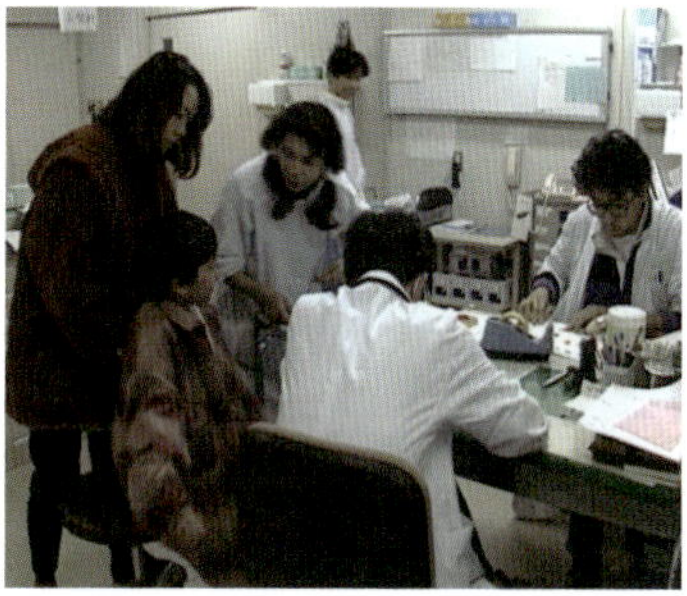
24時間体制で診療を続けた西市民病院。

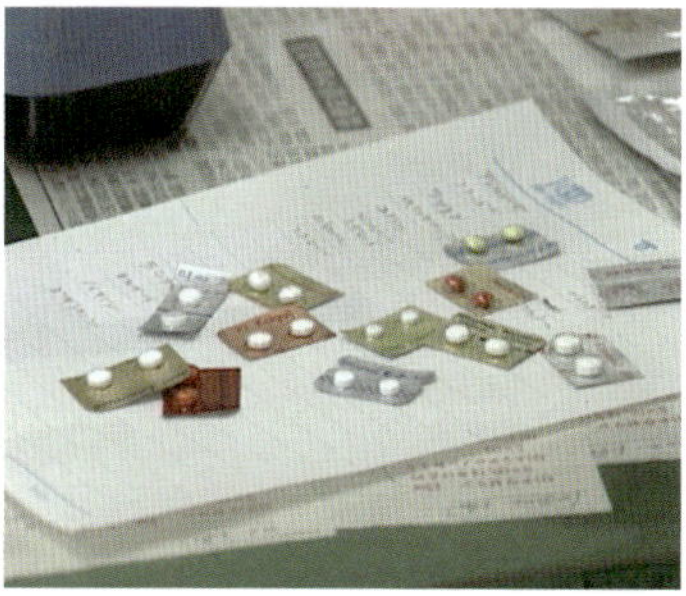
患者の記憶を呼び起こすため薬の見本を作る。

生をやってましたけど、1時間すぎ2時間すぎると、今さら人工呼吸を一人ずつやっても、どうしようもない状況になった。だから17日は、あまり医者らしいことをしてない。いろんな機械で検査して、診断して初めて薬出して治療ができるが、今回みたいに自分の聴診器1本しかない状況では、何もできない。情けないですけど…」（QRコード④）

表情は無力感にうちひしがれていた。しかし、そんな思いを抱きつつも診察を続け、十分ではない環境でも最善を尽くそうとする医療従事者の存在そのものに、私たちは癒やされ、心強い思いを持つ。彼らの奮闘に感謝したい。

震災孤児

①家族を全員亡くし、震災孤児となった女子高生（静止画）

安否確認のため登校する御影高校生

亡くなった方々へ黙とうを捧げる生徒たち

震災で親を亡くした震災遺児。１９９５年３月17日の神戸新聞は、あしなが育英会が行った調査について報じている。阪神淡路大震災の被災地で確認できた震災遺児は３０４世帯５０４人。うち両親ともに亡くなった震災孤児は65世帯１０３人にのぼった。親族などに引き取られ確認が取れないケースを合わせるとその数はさらに増えると推計している。

１月25日、御影《みかげ》高校の登校日。被害を報告する書類を書く生徒たちの様子を映していた。その中に、「家屋：崩壊　家族：父・母・母方の祖母 死亡」と書く女子生徒を見つけ、インタビューしている。

記者「家はどうでした？」

女子生徒「全壊しました」

記者「家族は？」

女子生徒「私以外、いないです」

未成年の女子生徒に酷な質問をし、申し訳なく感じる。しかし、これは決して目を背けてはならない現実であり、記者はよく質問し、女子生徒もよく答えてくれたと思う。内容が内容なので、アーカイブ公開にはご本人の承諾が必要と考えたが、コンタクトが取れず、動画の公開を控

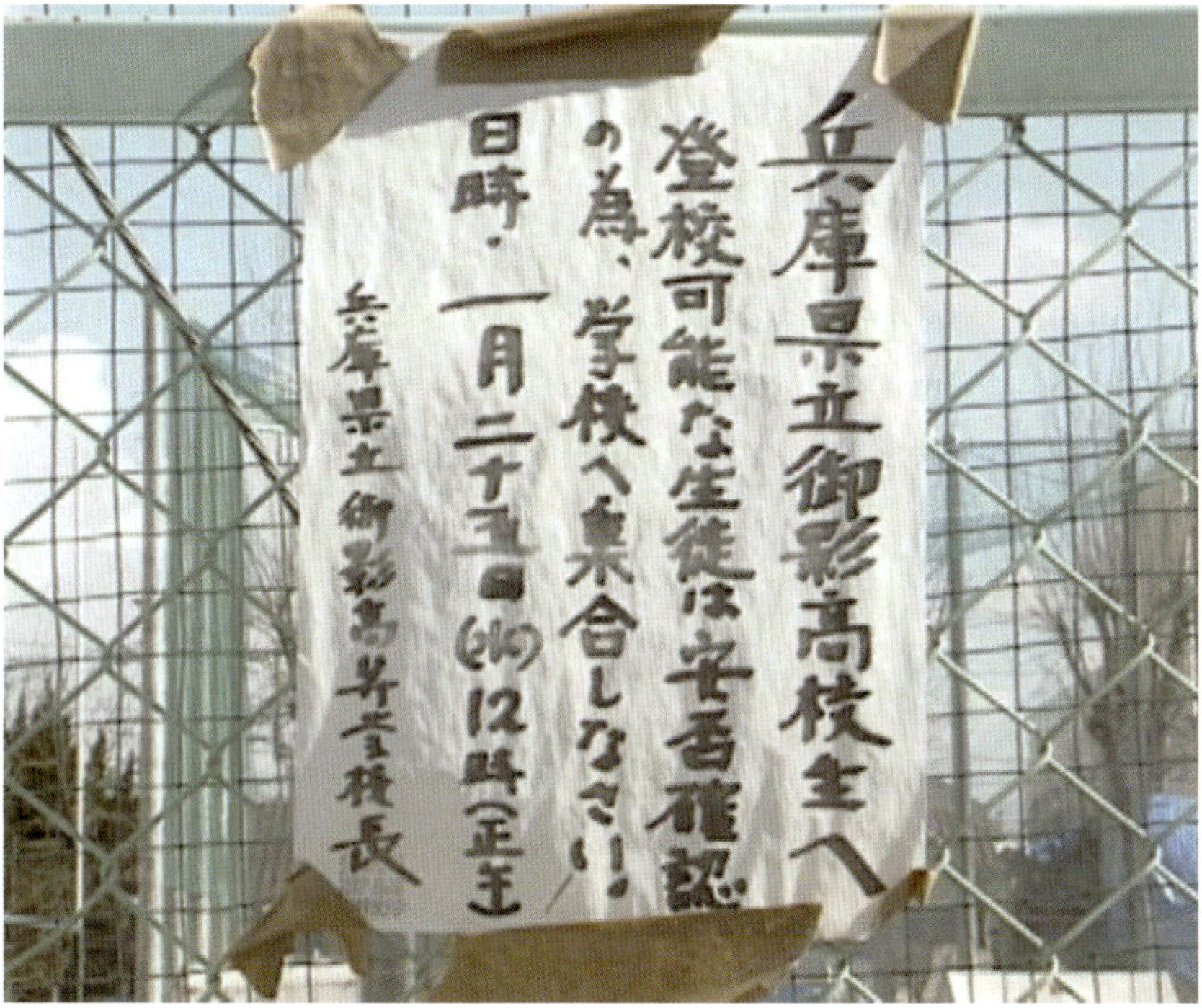

運動場に集合した生徒たちは、家族の生存状況など、それぞれの震災被害を調査票に記入した。

えテキストのみとした。インタビューは続く。
記者 「今はどうしてる？」
女子生徒「おじいちゃん方の親戚の家に引き取られています」
記者 「勉強は？」
女子生徒 「そこでできる態勢を作ってもらっている。そろそろやりだしている」
記者 「1週間以上たったけど落ち着いた？」
女子生徒「落ち着きましたけど、普通の生活はしにくいです」
記者 「ご両親の葬儀とかは？」
女子生徒 「葬儀はもうちょっと先になります。とりあえず30日に火葬だけは済まします」
記者 「しっかりしてますね」
女子生徒 「私だけしか残ってないので、私がしっかりしないと生きていけない。1人だけど、親戚が結構いっぱいいますから、親切にしてもらっているので、とりあえずは生きていこうと思っている」（QRコード①）

この女子生徒がその後、幸せだと思える人生を送っていることを祈る。そして今後の災害においても、こういった境遇の子どもたちが、希望を持って生きられる制度と環境が整えられることを願ってやまない。

老人ホームの苦悩

①養護老人ホーム「住吉苑」寮母長

②生活について「十分です」と語る入居者

③余震の不安を語る女性入居者

④通院していた病院が倒壊し不安を語る

被災地では、老人ホームも被害に見舞われた。ただ、入居していたお年寄りは我慢強く、その状況を受け入れていた。

男性Ａ「もう十分と思ってます」

記者「不自由されてることは？　希望とかないですか？」

男性Ａ「ぜいたくいうたら、お風呂かな」（ＱＲコード②）

女性Ｂ「みんなね、ようしてくれてますからね、気の毒なぐらい…。他の人はどうか知らん。食べるものには満足してます。ひもじくてたまらんいうことはないからありがたい思ってます。昨日も余震があったでしょ、ドスンと。早くおさまってもらわないと怖いです」（ＱＲコード③）

男性Ｃ「今まで通っていた病院が倒壊したらしいからね。もう行くに行かれんし。体に不安がありますね」（ＱＲコード④）

多少の悩みはあるものの、おおむね職員らの対応に感謝している様子である。しかし、それまでの10日間、老人ホームが大変な状況であったことは、寮母長さんがインタビューで語っている。

記者「地震から約10日たち、現在の生活はいかがですか？」

寮母「落ち着いてきましたね。電気もつきましたし。2

食堂に畳を引き、居室として利用。日々の介護は当然のこと、この環境を整えるまでの苦労を考えると頭が下がる。

日ぐらいは食べるものもなかったけれども、徐々に救援物資が来るようになり、従業員も8時間かけて歩いてきた人がいたんですけど、そういう人たちも、だんだん短い時間で来れるようになって、ボランティアの方も来ていただいた。あとこれでガスと水道がちゃんと出てくれたら、本当に普通に戻るんですけどね」（QRコード①）

この施設では、2棟あった建物のうち古い木造の建物が半壊した。幸い入居者は軽いけがで済んだ。無事だった建物に入居者を集めたため、部屋の人数は一時定員を超え、食堂にも畳を引いて居室にした。

電気が来ないために、部屋や廊下の掃除ができなかったり、シーツや衣類の洗濯ができなかったり、水がこないことでトイレが流せなかったりと、ライフラインの途絶によって施設の維持管理が困難になった。お年寄りの中には地震のことがわからず、元いた壊れた建物のほうに戻ろうとする人もいて、地震直後は数少ない職員で、24時間態勢の介護に追われた。

施設の円滑な運営は、職員の出社とライフラインによって支えられている。災害でこれらが絶たれた時に、入居者の安全で快適な生活が支えられるか、課題は多い。

滞った救援物資

大阪市此花区にある大阪小包郵便局。被災地から30㎞も離れた郵便局で、行く当てもなく放置されているのは、日本全国から送られた支援物資である。体育館のような広いフロアに、大小の段ボール箱4万箱が、まさに崩れそうな状態でうずたかく積み上がっている。（QRコード③）

記者「どういった物があるか見てみます。布団がありますね。それから、きれいな冬服と書いてある衣類です。問題はこちら。非常に強い匂いがします。バナナです。それからミカンも。こういった善意の小包は届けられないまま、腐ってしまうのでしょうか」（QRコード①）

地震からまもなく10日になろうとしている中、善意の救援物資がなぜ届けられないのか。

職員「現地のほうに郵便局の関係者も行っておりますけども、神戸市の処理能力を見ながら、こちらに連絡があり、必要な分だけお送りしておるというのが実情です」

記者「現在、4万個ということなんですが、日に何個ずつぐらい増えているんでしょうかね？」

職員「実際にはそれに近い数が入ってくるということで、当局だけでは置ききれませんので、他の場所でもお預かりしてるという部分もあります」（QRコード②）

①救援物資の小包の中継所となる大阪小包郵便局

②中継が滞る小包について語る担当者

③山積みになった救援物資

④ボランティアによる仕分け作業

郵便局を埋め尽くす段ボールの山。中身は全国から寄せられた善意だが、それを被災地に送れない事情があった。

神戸では、ボランティアたちが懸命に救援物資の仕分け作業を行っていた。段ボールの中には、衣類やタオル、紙おむつや生理用品、食料品まですべて一緒に入っている。大勢のボランティアがその箱を一つひとつ開いて、品物を分類した上で、段ボールに貼られた「送り状」をはがしてまとめている。ボランティアを束ねる男性が大きな声で呼びかけている。

男性「一番前に貼ってあるやつ（送り状）、これは必ず外してください。お礼の手紙と集計に絶対に必要ですので。絶対に外して、こっちに持ってきてください（QRコード④）」

被災地では当初、壊れた家から衣服や毛布が取り出せず、生活必需品が不足した。メディアがそれを伝え、善意の救援物資が届いたが、その頃には、物資はある程度充足し、逆に仕分けのためにボランティアの人手が取られるようになった。個人からの救援物資は、被災地からは歓迎されないものになったのだ。また、企業から、新品で箱単位の商品が送られたとしても、その支援物資が無料で配られると、被災地の商業活動の復旧・復興をさまたげることにもなる。災害が起こるたびに、「被災地に送るのは物よりお金」という考え方が定着した。

被災地のペット

被災時は、缶切りがなくても開封できるイージーオープンエンドのペットフードが良い。

①街をさまようイヌ

②動物救援対策本部

不安そうに飼い主を待つイヌ

カメラは神戸市灘区で、がれきの街を歩く一匹の白いイヌを捉えていた。キョロキョロとあたりを見回しながら、壊れた家のあたりにたたずみ、また、鼻を路上にすりつけるようにトボトボと歩く。地震の後、住処を失ったのだろう。毛並みが薄汚れて見え、痩せて骨が浮き出ているのも気になる。飼い主らしきにおいがするのか、落ちているペットボトルを少し嗅いでは、周囲を見渡し、道行く人に愛嬌を振りまくこともなく、また歩いて行く。飼い主は生きているのだろうか、それとも、亡くなってしまったのだろうか。（QRコード①）

飼い主とはぐれたり、けがをしたりした被災動物の推計頭数は、イヌ4300頭、ネコ5000頭に及んだ。

人の支援で手いっぱいの避難所では、ペットに対する支援は十分に行き届かなかったであろう。1月26日には民間ボランティアによる「動物救援対策本部」ができていた。具合が悪くなったペットを獣医さんが診察したり、メーカーの支援を受けてペットフードを無料で配給したりしている。また、行方不明のペットの情報提供を呼びかける掲示板や、被災地で保護されたペットの飼い主（引き取り先）を探すブースなどもあった。（QRコード②）

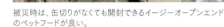

お風呂に入りたい

入浴する男性からは「被災地の中のオアシス」という声も。このひと時が人々の活力になったに違いない。

①雨の中、大行列ができた「浜田温泉」

②屋内プールを活用した大浴場

約10日ぶりのお風呂に「ありがたい」

ライフラインが途絶えた被災地で、食事の確保とともに被災者らが切実に希望したのが、入浴だった。

西宮市今津の銭湯「浜田温泉」は、周囲の木造住宅が軒並み倒壊する中、早くも開店にこぎ着けた。お風呂に入れると聞きつけた人々は、開店の数時間前から行列を作った。入浴料は大人300円。入り口には「ひとりでも多くの方に御利用いただくため、15分をめどにおあがりください」との張り紙が貼られた。（QRコード①）

客の男性「地震以来初めて。もう気持ちがなんかほっとします。本当にいろんなことがありましたんでね。こんなお風呂は初めて。経営者の方も、本当に努力されていると思いますけども、本当にありがたいです」

各避難所では自衛隊などによって入浴環境が整えられたが、寒い中行列を作り仮設のテントで入るお風呂は、十分リラックスできるものではなかっただろう。

長田区の市営の温水プール「かるもプール」では、2月25日から1カ月あまりの間、臨時のお風呂として無料開放した。25mの屋内プールを中央で仕切り、男湯、女湯とした。訪れた近くの小学生は、泳げるほど広い「お風呂」に歓声をあげた。（QRコード②）

中国道開通も…新幹線代替バス渋滞で引き返し

中国道開通に伴い新幹線代替バスが運行を開始

①新大阪駅で、早朝からバスを持つ女性

②運転中止の事情を説明する係員

③大渋滞により引き返してきた乗客

仮復旧した中国道を活用して、姫路－新大阪間で不通となっている山陽新幹線の代替バスが運行されることになった。姫路駅でのインタビューでは、女性が上機嫌でこう話している。

記者「きょうは朝早かったんですか？」

女性「4時に起きて、ここへ5時前に来ました。西宮のほうへ行きます。このバスができて便利がいいですね」

（QRコード①）

ところが、そのバスが着くはずの新大阪駅では、係員が慌ただしく乗客を案内している。

係員「まだ、そのバスが到着していないんですよ。そのバスは朝、姫路を6時30分に発車しています。大渋滞なんです。ハイウェイの渋滞に巻き込まれて、動かないんですわ。他の交通機関に振り替えられたほうが…」

男性「他の交通機関、あらへんでしょ」

係員「レールとかね」

男性「レールなんて、行かへんやん」

係員「あした以降のことは、わかりませんけども、きょうのところは中止と。運行中止させていただくということ

大行列の末ようやくバスに乗るが、大渋滞に巻き込まれることになるとは…。乗客は知る由もない。

とで決定しましたんで」（QRコード②）

代替バスが走る予定だった中国自動車道は当時、九州・中国地方と関西以東を結ぶ唯一の高速道路で、経済への影響を回避するために、復旧は社会的要請だった。宝塚高架橋の橋脚部分の損傷が激しく、橋桁の一部が沈下していたが、特に危険な箇所を仮支柱で支える工事を進め、1月23日、下り線を利用してとりあえず緊急輸送車の通行を確保した。

さらに仮の支柱などを加えて、この日、対面2車線で一般車も通れるようになったが、時速20㎞以下の速度制限、20トン以下の重量制限が設けられ、車が損傷箇所に集中しないよう、手前で一旦停止させて20m以上の車間距離を取るなどの規制が設けられ、完全復旧にはほど遠いものであった。ただ、他に有力な代替ルートがなく、多くのドライバーが待ち望んでいたために、27日の開通日は車が殺到して、終日20㎞に及ぶ渋滞が続いた。

山陽新幹線代替バスはこの大渋滞に巻き込まれ、初日の運転を打ち切らざるを得なくなったのである。新大阪駅を出発したバスも4時間半かけて引き返し、乗客は苦笑いを浮かべながら、他の交通手段を探し散っていった。（QRコード③）

仮設住宅の申し込み

①申し込みのためにできた長蛇の列

②「小屋でもいいから住むところがほしい」

③「忘れたら取り返しがつかない」

④「いつ避難所を出されるか心配」

阪神淡路大震災を象徴するものとして、建設された仮設住宅の多さと、それが存在した期間の長さが挙げられる。神戸市をはじめその周辺地域に4万8300戸が建設され、住処を失った被災者を収容した。当時の原則では、建設する仮設住宅の数は全壊・全焼又は流失世帯の3割以内とされていたが、それを上回る数になった。また、設置期間は2年間と決められていたが、3回延長され、仮設住宅が入居ゼロになったのは、地震から5年が経過した2000年1月14日であった。

西宮市では、地震の一週間後の1月23日、神戸市では10日後の1月27日に、仮設住宅の入居申し込みが行われた。神戸市で最初に提供されたのは、建設の目処が立った仮設住宅約2000戸と公営住宅986戸で、神戸市内24カ所で午前9時から受け付けを始めることにしたが、当日は早朝から大行列となった。（QRコード①）神戸市の東灘区民センターでは、先着順ではないと知りつつも、早く並ばないと居られない、入居希望者の様子を取材している。

女性「早く行っても遅く行っても抽選やから同じやって聞いてますけども、気持ちが落ち着かないんです。ここ

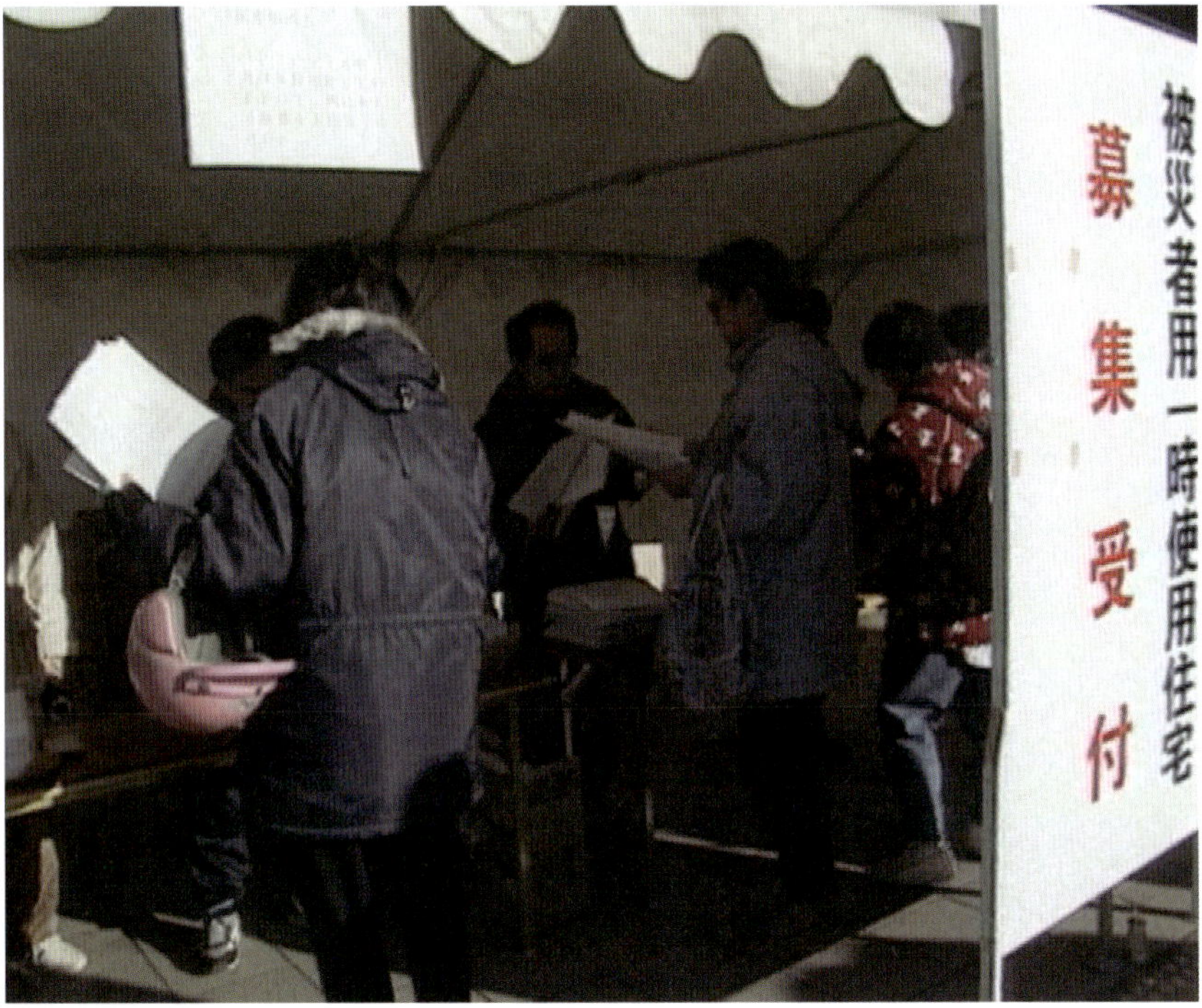

長い待ち時間に耐えながら、人々はこの受け付けテントを目指した。

へ来て並ばないと。当たらなくても行って並んでるっていう気持ちがありますのでね」（QRコード②）

男性「どっちみち7時には水を汲みに並ばないといかん。もう起きたついでに、先、処理することは済ませていう気持ちでこっちに」（QRコード③）

男性「老人から先でしょ。老人が早くから待って手続きするの大変やから、親父の代わりに一応待ってるわけです。避難所もゆっくりいられる場所やないんで、いつ出てってくれと言われるか心配があります」（QRコード④）

当時の取材によると1月20日には、一部で仮設住宅の建設場所が決められ、行政の動きは速かったように見える。しかし、希望者に対して当初の建設戸数が少なかったため、お年寄りや障害のある方など、要援護者を優先した抽選で入居者を決めることになった。

家屋被害が大きかった市街地だけでは建設用地が足りず、埋立地や郊外の新興住宅街の中の空き地にも仮設住宅は建設された。その結果、被害者が希望する地域と完成した仮設住宅の立地のミスマッチが多く発生し、コミュニティーの再構築の課題や、高齢者の孤独死の問題が深刻になった。

バスレーン設置

①国道43号にバス専用レーンを設置した後の乗車シーン

②専用レーンについて語る運転手

③スムーズな走行を喜ぶ女性

道路を走行するバスの車内

1月23日から、鉄道の運転見合わせ区間を代替するバスが運行されていたが、被災地に出入りする緊急車両や復興関係の車両に加え、一般車両も多く、渋滞に巻き込まれて西宮－三宮間に数時間かかるなど、利用者にとって不便な状態が続いた。

これを改善するために、5日後の28日からは、国道2号、43号に代替バス優先レーンが設置された。（QRコード①）初日の始発からしばらくの間はスムーズに運行されたようだが、夕刻から、早くも渋滞などのトラブルに見舞われた。翌日、芦屋－三宮間の運転時間についてバスの運転手に話を聞いている。

運転手「初日、午後2時頃までは、約1時間5分ほどの所要時間で行っていたんですけど、午後4時頃から一般車がこのバスの専用レーンに入りまして、5時間半から6時間遅れ。お客さんもいつ着くかわからんので途中で降りられるという状態で。全然動かなかったんですわ」

記者「それに比べて、きょうはいかがです?」

運転手「きょうは、だいたい50分から1時間程度です。規制がキチッとしてますんで。今のところ1時間10分程度で行くんじゃないかと思ってます」（QRコード②）

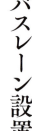

国道43号線にバスレーンが登場し、スムーズな走行が実現。

バスレーンを知らせる看板も。

緊急車両で混雑に巻き込まれるバス。

2日目、取材班はバスレーンを経由するバスに乗り込んだ。国道43号では、急ピッチで進む阪神高速3号神戸線の解体撤去作業を横目に見ながら、最も外側に設置されたバスレーンを進む。交差点ではガードマンが交通整理をし、バス以外の車がレーンに入らないよう監視していた。乗っていた女性は、

「前に西宮北口から、ずいぶん歩いたことがあるんですよ。そのことを思ったらすごく…。1週間違うとこんなに変わるもんかなと思って…便利になりましたね」

と満足そうに三宮の街へ歩きだした。（QRコード③）

2週間ぶりの登校 あふれる教師の思い

①「やっとお前たちと会えた」と涙ながらに語る教師

1月29日、西宮市の平木中学校のグラウンドに、3年生が集められた。震災発生から、およそ2週間ぶりの登校である。学年主任を務める教師が生徒を前に話す様子を取材している。主に、学校を再開するにあたっての注意事項だが、この2週間に起こったさまざまな出来事を踏まえて語る言葉には教師の思いが詰まっている。

「2月1日から授業を始めるつもりだが、午前中でおしまいです。昼から帰っておうちの手伝いをして、その後、勉強したいという子、家がなくて勉強ができない人は学校に来て勉強する場を作ろうと思っている」

行くあてのない避難者が多く身を寄せる学校での授業再開は容易ではない。この教師をはじめ、教職員も被災者であり、家族を家に残し、ほぼ泊まり込みで避難者の世話をしていた。ただ、3年生の学年主任としては、地震によって生徒が進路選択で悔いを残さないようにしてやりたいと考えたという。集会での話は、さまざまな状況にある生徒たちに寄り添っている。

「君らの大事な進路、勉強だけじゃない、就職のこともある。ひょっとしたら進学をやめて就職しないといけない子もおるかもしれへん。そんな子も相談に来てもらう。遠

2週間ぶりの再会となった平木中学校3年生の生徒集会。

くへ引っ越して通えない子がいると思う。つらいやろうけど、時間かかるやろうけど、できるかぎり来てほしい」

その後、地震の朝からこれまで、教師たちが目の当たりにした、学校の大変な状況を語った。おにぎりが全員に行きわたらなかったこと、電気が復旧して嬉しかったこと、トイレが詰まり、手掴みで掃除したこと…生徒を前につらかった現実を思い返して、一瞬涙声になったが、ぐっとこらえた。生徒らと再会できたことは、先生たちにとっても力になったように感じる。そしてさらに訴える。

「ここへ逃げてきてはる人は家も何もなくなっている人。一生懸命やねん、生きるのが。食い物も電気もないけど、みんな必死でここへ逃げてきた。生きることがしんどいことやと思ったことはなかった。多くのことは言いたくない。先生はつい『ああせい、こうせい』と言う。これからは、もう言わんでもお前たちが自分で今、どういうことをせなあかんか考えてほしい。自分なりに考えて行動してほしい」（QRコード①）

被災や避難生活の厳しい経験を、これからの人生につなげてほしい。そんな強いメッセージを感じた。

倒壊建物の解体受け付け

解体時期がわからない状態でありながら、申込み受け付けは人でごった返した。

①倒壊建物の解体受け付けの風景

②「3～4カ月先と言われました」

従来、家屋はたとえ倒壊しても個人の所有財産であるという考え方から、その解体撤去は所有者の責任で行うこととされていた。しかし、所有者による解体が進まなければ復旧・復興が遅れる。そこで阪神淡路大震災では初めて、全壊家屋の解体について国と自治体が全額負担するという方針が決まった。これを受け、神戸市では1月29日から解体の申し込み受け付けが始まった。（QRコード①）しかし地震発生からまだ10日あまりで役所側も混乱していて、申し込んでも解体に着手するめどは立っていなかったようだ。

男性「聞いたら3～4カ月先と言われましたよ。完全な全壊ですから、これから建てるいうてもすぐ建てられないし、だから早く片づけだけして、空き地にして、様子見なしょうがないんじゃないですか」（QRコード②）

その後この制度は、2011年の東日本大震災や2016年の熊本地震、さらには2018年の平成30年7月豪雨（西日本豪雨）をはじめとした水害にも適用され、大規模半壊や半壊の家屋にも対象が広げられた。復興スピードや被災者支援の観点から歓迎する声が多いが、修繕して住める建物まで解体されるという指摘もあり、制度のありかたについて議論を引き起こした。

本文に登場するその他の地震

地震名
①発生時刻
②発生場所
③規模（マグニチュード）
新潟地震
①1964年6月16日午後1時1分
②粟島付近
③M7.5
新潟県中越地震
①2004年10月23日午後5時56分
②新潟県中越地方
③M6.8
福井地震
①1948年6月28日午後4時13分
②福井県嶺北地方
③M7.1
鳥取県西部地震
①2000年10月6日午後1時半
②鳥取県西部
③M7.3
熊本地震
①2016年4月16日午前1時25分
②熊本県熊本地方
③M7.3
北海道胆振東部地震
①2018年9月6日午前3時7分
②北海道胆振地方中東部
③M6.7
東北地方太平洋沖地震
（東日本大震災）
①2011年3月11日午後2時46分
②三陸沖
③M9.0
関東地震（関東大震災）
①1923年9月1日午前11時58分
②神奈川県西部
③M7.9

ボランティアが感心する住民たちの避難所運営

災害から2週間後の1月31日、カメラは長田区の真野小学校を取材していた。

「ただいま、物資が到着しました。ご協力よろしくお願いします」

到着した物資を、ボランティアたちが一列に並んで、バケツリレーの要領で校内に運び込む。校舎内の通路や校庭に張られたテントの下に、水、お米、砂糖や紙おむつなどの物資が、品目ごとに整然と並ぶ。（QRコード①）

タオルを仕分けるボランティアの女性は、「ここはすごくわかりやすい。自治会の人が分担して役目が決まっている。初めて来たボランティアでもすごくわかりすい。ちょっと聞いたら、これをすればいいんだってシステムができている」と感心している。（QRコード②）

1999年に出版された、『阪神淡路大震災の社会学1 被災と救援の社会学』（図書出版昭和堂刊）には、この真野地区の事例が紹介されている。この地域は1960年代、地域に工場が多く立地し「苅藻《かるも》ぜんそく」と呼ばれる公害に見舞われた。その公害追放運動を機に、自治会の枠を超えて「真野地区まちづくり推進会」を形成し、老人会や婦人会、子ども会などが学区単位に結びついてい

①ボランティアと協同し、物資を運ぶ

②完璧なシステムに感動するボランティア

③避難中の家屋を狙った盗難を警戒

④「火の用心」と呼びかける自警団

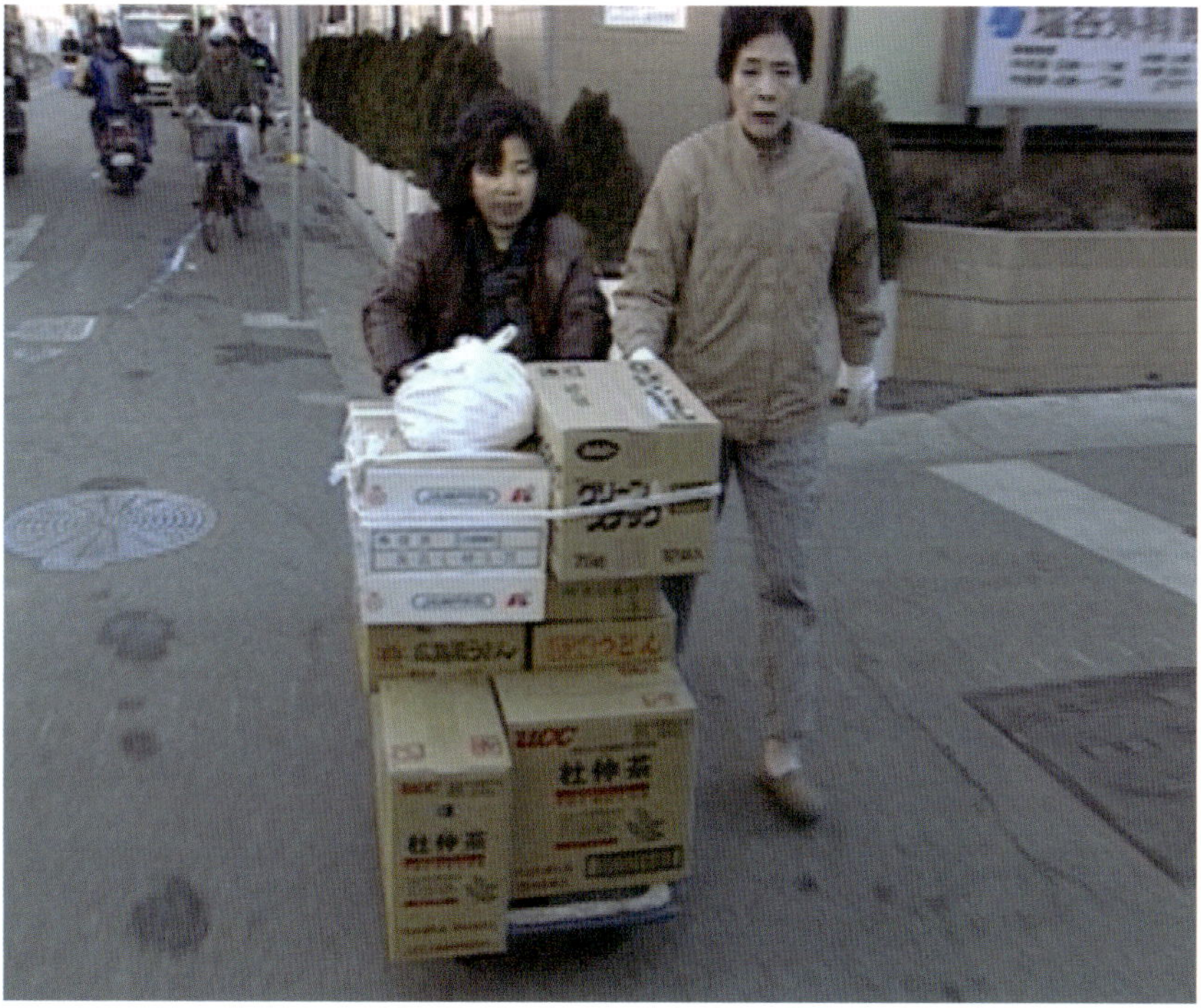
自然と助け合いが生まれ、物資の配布係も「次は私が行くわ」と自発的に声が上がる。

た。そんな縁もあり、震災3日後には「真野小学校災害対策本部」を立ち上げ、避難所運営を担った。

発災当日、自治会単位で区役所に救援物資を取りに行った際、お年寄りが若者に突き飛ばされるという出来事があった。こうしたトラブルを防ぐために、いくつかの自治会が集まって、学区レベルで食料や物資の必要量を確保し、それを地区内の全戸に公平に配ることにした。映像には、指定避難所である小学校を起点に、自宅に待機している住民らに、おにぎりなどを配りに行く様子が映っている。この役割は、500人ほどの地域住民が、自らボランティアとして担っていたという。また、地域の商店で強盗の被害が発生したのをきっかけに、各自治会では自然発生的に夜警体制を整えた。（QRコード③④）

「まちづくり推進会」は、地震発生当日にも町内7カ所で炊き出しをするなど、初動から地域の被災者を支えた。冒頭に記した避難所の体系的な動きも、この組織から業務リーダーを出し、30人ほどの外部ボランティアを指揮することで生み出されていたようだ。災害の前から住民同士の「顔の見える関係」があったことが、災害時のスムーズな連携につながったという良い事例だ。

線路を歩く人

道路より、よっぽど歩きやすかったのだろう。

①阪急岡本駅付近。徒歩だけでなく、バイクの姿も

②「ここが一番通りやすいので、つい」

阪急神戸線の線路沿いを歩く人々

地震の後、列車が通らなくなると、線路を歩いて移動する人が増えた。阪急岡本駅付近で撮影した映像には、避難しようとしているのか、支援に入ろうとしているのか、大きな荷物を持った人がぞろぞろと線路上を歩いている。この頃は、道路上に建物などが倒れ込み、行く手を阻んでいたし、余震が来るとさらに倒れたり、ものが落ちてくる恐れもあったので、敷石に多少足を取られても、線路のほうが安全で歩きやすかったと見られる。原付バイクで走ろうとしている人も見られたが、さすがに踏み切りの段差を越えるのは少し難しかったようだ。（QRコード①）

3月になると鉄道は復旧し始めたが、運行が再開されない区間では依然として歩行者専用道路と化していた。なぜここを歩こうとするのか。記者が質問している。

記者「ここを利用すると、時間的に短縮できる?」

男性「いやー、まだ道は通れるかわかりませんしね、ここが一番通りやすいというか」（QRコード②）

道に倒れ込んだ家は撤去されたが、解体作業のトラックなどが道をふさぎ、3月になっても依然として道路は通りにくかったようだ。

第4章

暮らしを取り戻す

外国人たちの避難

①ベトナム人避難者によってできたテント村

②テント村の感染症を心配する医師

③届いた救援物資を分配する光景

④同郷の者同士、母国語で団らん

港町・神戸は、国際色豊かな街である。南京町や旧居留地、北野の異人館街など、街並みを見るだけでもそれがよくわかる。さらには、韓国・朝鮮や東南アジアなど、多くの国の人々が住んでいることを、阪神淡路大震災が浮き彫りにした。それは、彼らが「言葉の壁」などを理由に、日本人とは異なる避難行動をとったことによる。

長田区の駒ヶ林公園には、ベトナム人が避難するテント村ができていた。（QRコード①③④）公園を訪れたボランティアの医師は、

「テントですから、特に夜はすごく冷えます。下痢をしている子どももいます。寒さと環境からくる感染症が心配です。あとは子どもの気持ちの問題。ベトナムの子どもたちもふだんは日本の子どもと一緒に遊んでいたんです。今、ベトナムの人たち87人でキャンプしていますけど、他の子どもと遊ぶ機会がないので、子どもたちは一見明るそうにしてますけどストレスを感じています」（QRコード②）

公園に避難したベトナム人の多くは、被災の大きかった長田区でケミカルシューズの製造に従事していた。幸いにも死者はなかったそうだが、彼らが住んでいた借家や寄宿舎は、ほとんどが全半壊した。日本語がわからず

ビニールシートと棒で手作りした簡易テントは、風雨や寒さが十分にしのげるものではない。

避難所に行けなかったり、一度は避難所に逃げたものの言葉が思うように通じず、もとの住まいに近い公園に集まったり、次第にその数が増えていった。当初は正規の避難所と認められていなかったため、食料の配布やトイレの設置が遅れた。その後、マスコミに取り上げられ自治会もできるなど「テント村」が形成されていった。

だが、公園では日本人も暮らしていて、救援物資の分配や便所掃除、ごみの出し方をめぐって諍《いさか》いが絶えなかった。殴り合いになってボランティアが仲裁したこともあったという。ボランティアの一部メンバーはその後、FMラジオ放送を活用してベトナム人向けに生活情報を発信。外国人が住みやすい街づくりに取り組んだ。この動きは後に「FMわぃわぃ」というコミュニティーFM局となり、2020年現在も多言語放送を続けている。

1923年の関東大震災でも「不逞《ふてい》鮮人が放火して回っている」「井戸に毒を投げ入れた」などのデマが流れ、住民らが組織した自警団の一部が朝鮮出身者を迫害する事件が起こったとされる。災害の不安な状況の中で、言葉が通じない人々とどのように相互理解を深め、互いを尊重しあえるか。平時から意識しておかなければならない。

定時制の高校生たちの会話

①家族や家屋、仕事の近況を報告する生徒

②生徒によるプールの水汲み

震災で多くの企業や商店が営業をストップすると、働きながら学校に通う定時制高校の生徒には、すぐさま影響が出てしまう。2月1日、定時制高校の生徒の就業環境について取材を行っている。

神戸市立楠高校は、神戸電鉄湊川駅近くにある神戸市立の定時制高校で、湊川中学校と同じ校舎を利用している。震災から約2週間経っても、1100人を超える避難者がこの学校に身を寄せていた。

避難者で教室が埋まっているため、定時制高校は会議室を使った授業しか実施できず、この日登校した生徒は、被害調査のアンケートに答えながら、職場や生活の状況について教師たちに報告していた。映像の男子生徒は「生活費は先月の給料でまかなっている」と答えている。（QRコード①）職場が立ち入り禁止になって働けなかったり、住み込みで働いていた勤務先が倒壊したことで住む場所まで失ったりと、およそ3分の1が、仕事の再開のめどが立っていなかった。

そんな生徒たちに「求人」と書かれたチラシが配られた。校内でのボランティアを呼びかけるものだ。「今、僕らが何をしなければならないのか？　私たちに何ができ

仕事がなく不安を抱える学生もいたが、彼らは避難者のために懸命に水を運んだ。

るのか？　考えてほしい」。生徒たちは早速それに応え、学校のプールで水を汲み、校舎内のトイレなどに運んだ。生活の糧を得る仕事はできなくても、友人とともに体を動かすことで、表情は生き生きしている。（QRコード②）

　復興住宅での孤独死や自殺が増えたことに問題意識を感じ、震災ボランティア「よろず相談室」を25年間にわたって続けた牧秀一さんはこの学校の教師でもあった。学校では複雑な家庭事情を抱えた生徒たちの悩みに寄り添い、障害のある生徒の就労支援にも取り組んでいた。「今、何をしなければならないのか？　何ができるのか？」復興住宅での息の長い支援は、そう問いかけた結果だろう。

先月の給料で生活している定時制高生。

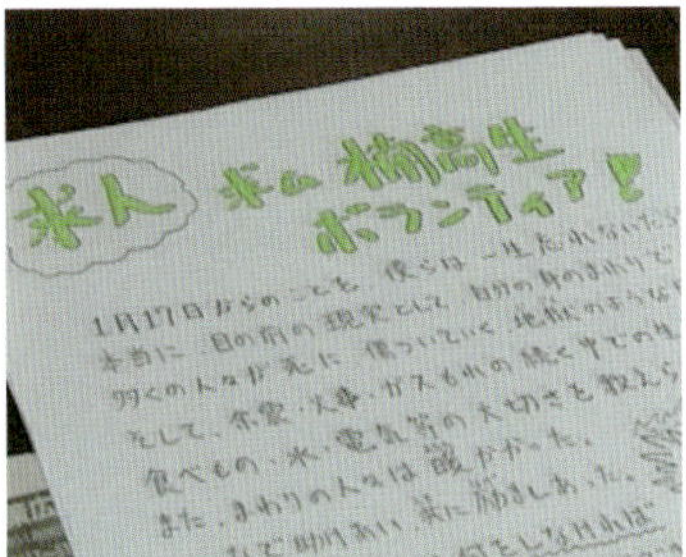

ボランティアを呼びかけるチラシ。

配達を続ける新聞販売店

神戸新聞社は阪神淡路大震災で本社屋が損壊し、京都新聞社の支援を受けて新聞発行を継続した。このことは、書籍『神戸新聞の100日』（神戸新聞社刊）やドラマにもなって、よく知られているエピソードである。その新聞を読者のもとに届ける販売店は、被害の大きかったエリアにも多く存在し、地震とともに配達拠点が倒壊してしまったところも多かった。『神戸新聞の100日』には、新聞販売店の店主ががれきに埋まったままの状態にもかかわらず、「父ならきっとこうします」と息子が新聞を配った、などという逸話も書かれている。

取材カメラは2月2日、神戸新聞の長田東専売所を営む夫妻を追っている。専売所の建物は倒壊寸前になっており、夫妻はテントで暮らしていた。震災後はそのテントが配達拠点となった。トラックから新聞がおろされると、広告を折り込むこともなく配達に向かう。地震前には約2000部を宅配していたが、配達先が倒壊したり、住民が避難していて不在だったりするため300部ほどしか配達できない。残りはまとめて無償で避難所に置く。読者の手に渡る保証のない家に配るよりも、避難所のほうが確実に読んでもらえるからだ。（QRコード①②）

①倒壊した神戸新聞専売所の配達風景

②新聞は被災者にとって貴重な情報源

③使命感を持って新聞配達に励む

まだがれきが周囲に散らばり足元が悪い中、一軒一軒歩いて配達して回る。

配達はまだ暗いうちに行われる。家屋が倒れたままの道を、懐中電灯を片手に歩いて配る。震災前はバイクで配達していたが、地震で道に凹凸ができて満足に走れないので、配達ルートを大幅に変更した。危険で困難も多い配達作業ではあるが、店主の妻のインタビューからは、「情報のライフラインを守る」という強い意志が感じられる。

「やはり神戸新聞の使命いうんですかね。今まで主人と26年間新聞業務に携わってきましてね、そしてその間、ずっと変わらず愛読してくださったお客さんに対して、お断りいただくまでは、配達し続けたいと思っています」

（QRコード③）

テントの状態の新聞販売店。

避難所にも新聞を運ぶ。

ダイバーが潜った神戸港

神戸港は液状化の被害が激しかった。コンテナを釣り上げる荷役作業用のガントリークレーンが倒壊したり、波止場に立つ倉庫が海中に沈み込んだりした。取材映像アーカイブには、震災の翌日、淡路島側から船で神戸に入った取材陣の驚きの様子が収められている。

「神戸港のいたるところの倉庫が、だいぶ陥没、傾いているのがわかります。トラックなども海の水の中に浸かっているという状況です。（カメラマンに確認するように）だいぶ下がってるよな…。神戸港のクレーンも倒れています。港全体が大きく沈没してしまっています」

　ポートタワーが立つ中突堤と、ハーバーランドの間は広く埋め立てられ、今はホテルや結婚式場、遊覧船の船着き場があるが、１９９５年当時は今のような風景ではなかった。浜手バイパスの高架下あたりまでが海になっていて、その奥には国産波止場という名称の岸壁があった。岸壁に面した建物は、２０２０年現在も国産１号上屋《うわや》などの名称で残っているが、地震発生時、その建物の前にはたくさんの車が置かれていたようだ。岸壁が液状化で激しく沈み込んだため、車も水没してしまった。（QRコード①）２月２日、海上保安庁のダイバーが水中を調査している。

①岸壁が崩れ海中に沈む車

②航路障害物を調査したダイバー

③水没したトラックの水中映像

④クレーン船による車両の引き揚げ作業

がれきと化した国産波戸場で、無残にも水中に浮かぶ自動車。

記者「中の水はどうですか？　見えるんですか？」
ダイバー「1mぐらいですね」
記者「車は何台ぐらい？」
ダイバー「端から数えたんですけど、割れ目からこっちにあって半分浸かっているのも合わせて、11台」
記者「これみんな、今回の地震で落ちた？」
ダイバー「そうですね。滑り落ちたという感じです」
記者「人が乗ってるとか、そんな感じは？」
ダイバー「素潜りしたのでよく見てないんですけど、外から見た感じでは人の気配はなかったです」（QRコード②③）

地震が早朝だったため、出勤前に車で仮眠していた人がいたかもしれない。記者はよい視点から質問している。29日には、同様の被害があった新港突堤でもダイバーが潜水調査を行い、前年に地震があった北海道の奥尻島でも「同様の被害を目にした」と話している。国産波止場や新港突堤などで大きな沈下被害が出たのは、耐震性の低い「ブロック式」と呼ばれる構造で、いずれも大正から昭和初期にかけて建設された古い港湾施設であった。

国産波止場には2月3日に、クレーン船が現場にきて、沈んだ車を引き上げる作業を行った。（QRコード④）

理髪店の再開

①じょうろに入れたお湯で頭を洗う

②「満足とはいかないけど…」と店主

③2カ月ぶりの散髪に喜びの表情

④書店が営業再開。街に復興の灯をともす

六甲本通商店街は、JR六甲道駅から北へと延びる全長100mほどのアーケードに、50ほどの店が軒を連ねる小さな商店街である。北の端にあったコープ六甲道店は全壊した。損壊した店も多かったが、健全な店はいち早く営業を再開する動きを見せていた。しかし、お客さんの流れは地震前とは大きく変わっていたようだ。書店の店主にインタビューしている。

「以前は夜の12時ごろまで営業していました。阪急六甲駅と国鉄（JR）との間を通勤客が通りましたんで。今は夕方6時になったらゴーストタウンで、周囲にマンションもあるけど全部避難して人がいない。だから晩は人一人通りませんので、6時になったら閉めます」（QRコード④）

同じ商店街に店を連ねる理髪店は2月1日に営業を再開した。その翌日、取材チームは、まだ水道とガスが復旧していない中、じょうろにお湯を入れて洗髪する驚きの光景を撮影している。

「本当はガス、水道が整った時点でやりたかったんですけど、よく来てくれるお客さんが、とにかくカットだけでもしてほしいって言うので…。でも散髪は頭を洗わないと気持ちよくないでしょう？ 少しためらったんですけ

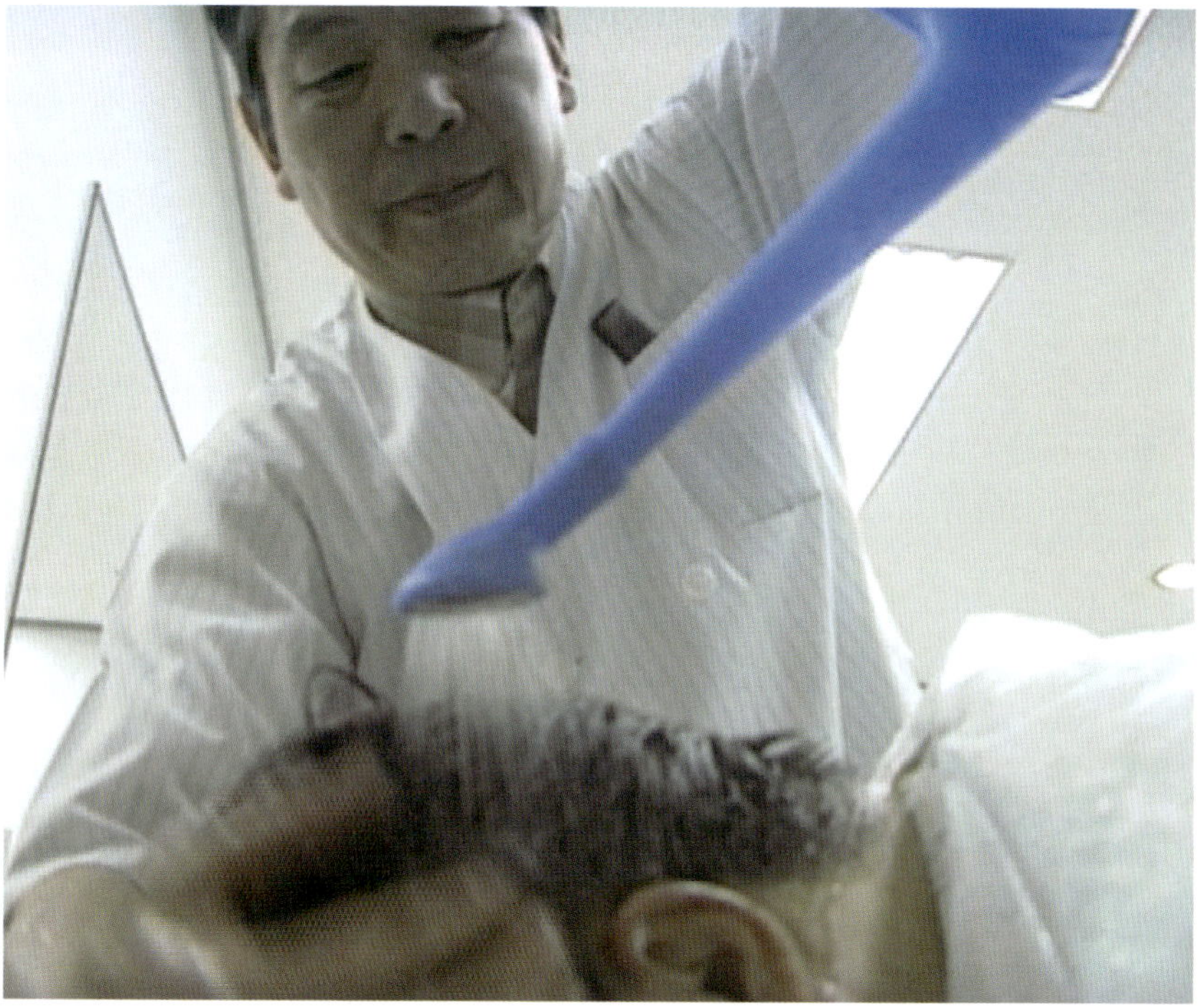

じょうろにお湯を入れて洗髪。この状況では精一杯のサービスだ。

ど、近くで汲ませてもらった地下水をキャンプ用のプロパンガスでお湯にした。まあ満足にとはいかないけど、なんとかひと通りはできるから、じゃあ2月1日からちょうど日がいいのでやろかって」（QRコード①②）

できることをできるだけやって、とりあえず仕事を始める、という前向きさが気持ちいい。お客さんも喜んでいた。

「12月の終わりから散髪してなかったんで、本当にすっきりしてありがたい。西宮から車で走ってきて。2月入ったらやるって聞いてたんで、きょう寄せてもらいました」（QRコード③）

六甲本通商店街の様子。

書店が営業を再開した。

「間借り」して学校再開

①間借りする宮川小学校の児童「前の学校に戻りたい」

②出席者が少なく「あまり楽しくない」

③机を抱えて間借りした米穀会社へ

④水族館のレストランも学習の場に

地震の被害を受けたのは、学校施設も例外ではなかった。神戸市内には345の教育施設があったが、うち14・5%は立て替えや中規模以上の改修工事が必要な被害を受けた。また校舎が無事でも、体育館や教室を避難所として継続して使わざるを得なかった学校では、別の建物を探すなどして教室を確保する必要があった。

東灘小学校は、近くの深江幼稚園を間借りして授業を再開した。被害の激しい地域だったためか出席者が少なかったようで、インタビューを受けた生徒は「あまり楽しくない」と話している。その1週間後、グラウンドに仮設校舎の建設を始めた。生徒のインタビューからも授業を行う場所の確保に苦労している様子がよくわかる。

記者「今って教室あいてないよね？」
生徒「2クラスだけ。図書館と会議室だけ」
記者「授業するの大変？」
生徒「他のクラスと一緒にやってるから大変」
記者「新しい教室できることをどう思いますか？」
生徒「運動場が狭くなるから、嫌だなと思ってます」
記者「今の授業のやり方をどう思う？」
生徒「1年生から6年生が一緒の時間に勉強したいと思

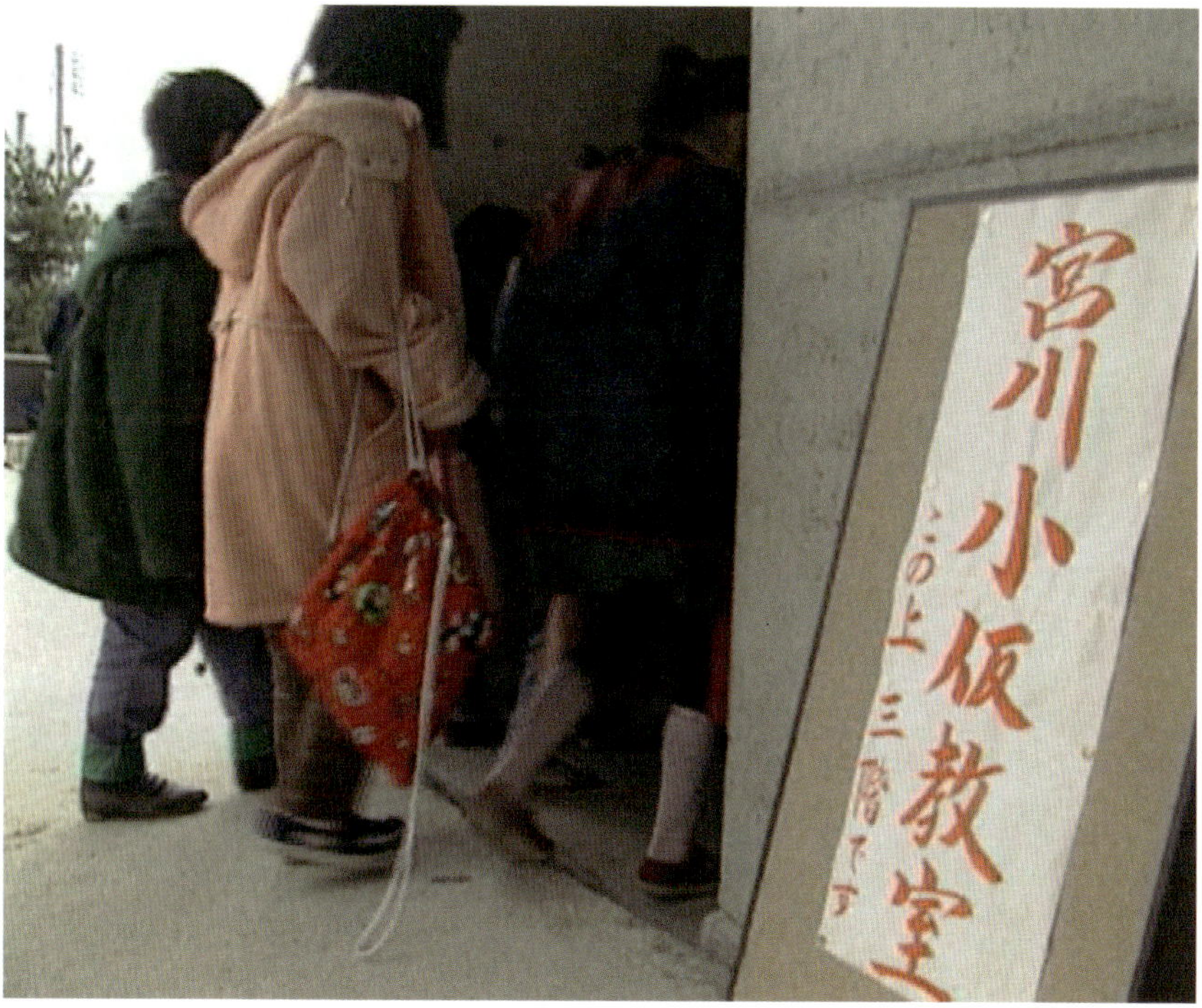

学習が再開され、子どもたちも暮らしを取り戻そうと、一歩ずつ踏み出している。

ってる。6年生だけ午前中で他の学年は午後から。幼稚園でもやってるから、みんなが東灘小学校で勉強したいと思ってます」（QRコード②）

灘区の原田中学校は、1年生と2年生が学校外の施設を間借りして授業を再開することになった。1年生は、近くの米穀会社の広い会議室が教室として使えることになったが、全員は入れないため、午前と午後の2部に分けて学習会を開くことにした。2月7日に生徒みんなで机を移動する様子を取材している。（QRコード③）

500種類、2万3000匹いた生き物の半数が停電のために死んでしまい、復旧のめどが立たなかった須磨海浜水族園は、レストランのスペースを、近くの鷹取中学校の仮教室として提供した。（QRコード④）

芦屋市の宮川小学校は、打出浜小学校の教室を間借りすることになった。インタビューに対して低学年の児童は「いっぱい友達ができるから嬉しい」と無邪気に話すが、高学年になるほど「前の学校に戻りたい」「貸してもらって悪いと思う」という思いを持っていた。記者は前向きなコメントを引き出そうとしているが、子どもたちは複雑な感情を抱いていることがわかる。（QRコード①）

傾いた市営住宅解体前に荷物を取り出す

①在りし日を思い写真に収める住民の姿も

②「両親の思い出の品を取り出せず辛い」

③クレーンで部屋からタンスを運び出す

④状況を察知し「諦めが肝心」と語る人も

一階部分が壊れ、建物全体が傾いた市営住宅で、荷物を取り出す作業が行われた。二次災害の恐れもあるため、速やかに建物を取り壊すことになり、使える物を取り出す最後のチャンスを取材した。エレベーターが使えず、多くの住民が出入りすることが危険なため、高層階は先端にゴンドラのついたクレーンのアームを伸ばして、タンスや洗濯機などの家財道具を運び出した。（QRコード①〜③）

部屋に入った住民は、

男性「出したのはテレビとか洗濯機ぐらい。あとはもう…」

女性「タンスは全部ダメです」

男性「洗濯機とテレビだけ」

記者「予想以上にぐちゃぐちゃぐちゃですか？」

男性「中はぐちゃぐちゃ。もう見てのとおり。子どもが小っちゃい時からやから、思い出はいろいろありますよ。でももう諦めやね。こういったクレーンで来てもらったけども、諦めが肝心。とりあえずテレビ下ろしたけども、映るか映らないかわからないし。つけてみないとね…」

（QRコード④）

大阪市内に避難し、震災以来戻っていなかったという女性は、近所の住民とともに家財道具を取り出した。再

ゴンドラのついたクレーンのアームを高く伸ばし、家財道具を運びだす。

洗濯機をゴンドラに積み込む。

低層階からは仮設階段で。

建されたら、またここに住みたいと話す。

「今こうしてみんなが助け合ったので、これからも助けあっていきたいし、だからやっぱり同じ所に住んで、お互いにお世話になったのを、返していかなかったら意味ないですわ。だからまた810号室に入れてもらおうと思ってます。隣にだれ、こっちの隣にだれ、私は真ん中って決めてますねん。入れないかしら」

1週間後、幼い男の子の手を引き、進んでいく解体作業をじっと見つめる人がいた。その後ろ姿は見ていて切なかった。

避難所の閉鎖・移転でトラブル

①大勢の避難者で混み合う長田区役所内

②被災者と神戸市職員のやりとり

③役所の対応に対し不満を口にする女性

④急な移動に対し困惑する避難者の声

長田区役所（長田区総合庁舎）のフロア。避難者と神戸市職員との間で、こんなやりとりが交わされていた。

女性「書類とか向こうでやったらええやん」

職員「なかなかね、それが向こうではね、機械とか…」

女性「ええかげんなこと…。最初から向こうに私らを連れて行ったらよかったんやん。落ち着いてから言われても困る。荷物も運ばなあかんし…」（QRコード②）

学校をはじめとする指定避難所の人口密度が高く、入りきれないという理由から、区役所など公的施設のロビーや廊下は軒並み緊急避難先として使われることになった。（QRコード①）ただ、復旧が進むに連れ、本来の区役所業務を元に戻すためには、避難者に移動してもらう必要がある。なかでも長田区総合庁舎には、地震で大きく損壊した神戸市立西市民病院の外来機能も移転することになっていた。

女性「西市民病院の器具をこっちに持ってくるから（別の場所へ移動してほしい）と言っている。ここの住民は落ち着いているから、（病院の器具を）向こうに置いてくれたらいい。ややこしいことばっかり言うて…。正直言って神経疑うよね」（QRコード③）

職員と手続きにくる人、そして避難者とその荷物。区役所は人と物でごった返した。

男性「役所が仕事できないのはわかる。でも（ここにいるのは）みんな焼け出された人間やから、（その人たちのことを役所が）考えるのは当たり前や。10日前や20日前に予告してくれたら考える余裕もある。荷物まとめて用意するとか…。ところがきのうのきょうや。きのうの晩9時ごろやで。急に言われても。そんなむちゃな話あるか？」（QRコード④）

男性は、市から渡されたお知らせの紙を持っている。確かに「あす2月4日中に、近くの避難所にお移りいただくようお願いします」と書かれていて、かなり唐突な決定、通知だったことがわかる。『長田保健所救援活動の記録』によると、避難者は2月4日から5日にかけて、使っていなかった旧区役所庁舎と保健所庁舎に移転。それによって義援金配分などの事務スペースが確保できたという。

「災害救助法」では、避難所を開設する期間は7日間と定められており、本来は、その間に次に住む場所を決め移動することを前提としている。だが、仕事や被災家屋の片付けの関係で遠方に避難先を移すことができない場合が多く、避難所の解消は法律の想定どおりに進まない。避難者にどのように伝え、避難所をどう整理するか。あらかじめ考えておく必要がありそうだ。

神戸市長田区
神戸市中央区
神戸市灘区
神戸市兵庫区
神戸市須磨区
神戸市垂水区
神戸市東灘区
神戸市西区
伊丹市
尼崎市
西宮市
芦屋市
姫路市
淡路市
大阪府

倒れたガントリークレーン

神戸港では、船積みコンテナの荷揚げに使用するガントリークレーンが損壊した。巨大なキリンのように見えるこのクレーンは、下に敷かれたレール上を車輪で横方向に移動し、コンテナの積み降ろしを行う。震災では、液状化で岸壁が傾いたことで「股裂き状態」になったり、レールを逸脱したり、脚の部分が折れて倒壊したりするなどの被害が出た。（QRコード①）これによって神戸港のコンテナ取扱量は大きく落ち込んだが、近年は持ち直している。

①海上から見る転倒の様子

損壊したガントリークレーン。

2月4日

目隠しして抽選

仮設住宅への入居希望者が殺到したものの建設が追いつかず、入居者の決定は抽選で行われることとなった。神戸市では第1次約2700戸の募集に対して約6万件もの応募があったという。2月4日に行われた抽選では、警察官を立ち会わせたり、担当者が目隠ししたりと、事後のトラブルを恐れて細心の注意が払われた。（QRコード①）なお、高齢者などを優先して抽選されたが、住み慣れた地域を離れたくないという人も多く、入居者の選定は困難を極めた。

①目隠しをして行われた抽選会

警官立ち合いのもと、厳重体制で行われた。

長田区の「幸せ湯」

男性は月水金曜、女性は火木土曜、ともに13時から営業した。

①焼け跡の中で再開した「幸せ湯」

火災の激しかった長田区で、焼けずにぽつんと残った鉄筋コンクリート造りの建物。地震の4カ月前にリニューアルオープンした銭湯「幸せ湯」だ。地震から2週間あまりで再開したエピソードは、稲垣えみこ著の『震災の朝から始まった』（朝日新聞社刊）が詳しい。

改装前は木造で「住吉湯」と名乗っていた。地域には文化住宅や長屋など、風呂のない小さな家が多かったが、時代とともに風呂を持つ家が増えてきたことから、湯船を広くし、家のお風呂とは違うゆったりした雰囲気に一新して、遠方からのお客も集めていたという。4階建てで、2階に男湯、4階に女湯があった。

建物は焼けずに残ったが、3階より上には火が入って使えなくなった。「地区の合同葬を2月4日に行うので開けて欲しい」と自治会長に頼まれたことがきっかけで、残ったボイラーと2階を使っての営業再開を決める。しかし、ライフラインは復旧していないため、水はハウス食品がタンクローリーで提供した「六甲のおいしい水」。プロパンガスの大型ボンベを36本駐車場に並べ、それで湯を沸かした。月水金は男湯、火木土は女湯と交互に営業し、地域の人に好評を博した。（QRコード①）

罹災証明書の発行

①罹災証明書の発行について、担当者に怒りをぶちまける被災者

②「一部損壊」との判断に対する不満の声

③職員に向け、怒りの声が寄せられる

④応急危険度判定との矛盾への問い合わせ

阪神淡路大震災では、全壊10万4906棟、半壊14万4274、一部破損39万506棟、あわせて63万9686棟の住宅被害が発生した。これが確定したのは、被災者一人ひとりに「罹災証明書」を発行して積み上げた結果である。罹災証明書は、災害により被災した住宅について、その被害の程度を証明するものだ。災害時における市町村の手続きのひとつとして、従来から災害発生時に被災者に交付されてきたが、実は明確な法的根拠はなかった。

被害の大きい神戸市では、罹災証明書の発行と義援金交付の受け付けを2月6日に始めると、すぐに被災者が殺到した。長田区役所で男性が担当者に激怒している。

「あの家を（実際に）見にけえへんか言うねん、わいの言うのは。そやろ！　見ないでただ書類だけ処理して、また後で（見に行きますわ）とか、そんなこと通ると思っとるんかいな。（手続きに並んで）病院にも行かれず、これどないしてくれるんや！」（QRコード①）

担当者への罵声は延々と続いた。（QRコード③）

地震直後、「義援金や援護金の交付には全壊・半壊の認定が必要」と報道された。被害が小さい川西市では、震災翌日から早くも交付を求める人があったという。逆に被害

損壊の判定は金銭的な支援につながるため、相談コーナーはピリピリした空気に包まれた。

が大きく援助が必要な地域ほど、がれきの撤去に追われ交付どころではなく、なんとも皮肉な状況であった。

さらに大変だったのが、家屋損壊の判定である。神戸市では、他府県からの応援を含めて延べ3660人が判定に当たった。家屋の倒壊は、全壊（5割以上）、半壊（2割～5割未満）、一部破損（2割未満）に、火災の被害では、全焼、半焼、水損などに分類したが、判定に納得できない被災者から再調査を求められるケースが続出した。被災者が判定に対し不満を語るインタビューは取材映像にも多く残されている。（QRコード②④）

男性「家は2階が全部崩れた。屋根もないし、危険で入れるような状態じゃない。1階も傾いてるし。住民でさえ入るのが怖い状態の家なのに、何にも…」

記者「（判定書類を見て）この方のお宅は2階が崩れているということなんですが、書類は、一部破損にもなっていません。まったく被害なしという認定になっています」

男性は無残に壊れた自宅の前まで記者を案内し、「行政は実際には見に来てないのではないか」と話している。

再調査は6万件以上実施され、その結果、全壊が約1万2500件、半壊が約2万3400件増えた。

仮設住宅の当選発表

当選の事実を知り、「遠くても寒くても、ないよりは…」とありがたさを語る。

①当選がわかり号泣する女性

②西宮市でも掲示板の前は人だかりに

当選の嬉しさを電話で報告する女性

神戸市の仮設住宅の当選発表は、午前7時半に張り出された。初回は約2700戸の募集に対して22倍の応募が殺到した。応募した人の期待も高く、掲示板の前は張り出しと同時に人だかりとなった。（QRコード②）しかも発表の字が細かいために、掲示板の近くは大変な混雑で、特に高齢者にとっては自分の名前を見つけることすら難しかった。

兵庫高校で発表を見ていた女性は、最初名前が見つけられず落胆していたが、探していた掲示板とは別のところに名前が書かれていたことがわかり、一転大喜びして涙ぐんでいた。（QRコード①）

一方、多くの人は当選しなかった。地震発生から3週間が経ち、被災者にも疲れがたまっている時期だったこともあり、「市が努力して、早く仮設住宅が当たるように何とかしてほしい」など、行政に矛先を向ける声が聞かれた。行政が最大限努力をしていることは被災者もわかっているはずで、「それ以外にやり場がなかった」という表現がふさわしいのかも知れない。

2月上旬には各自治体が仮設住宅の当選発表を行っている。翌8日には西宮市の平木小学校で、当選した女性が泣きながら電話で報告しているのも印象的である。

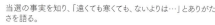

石屋川車庫の惨状

崩れた石屋川車庫。地盤がゆがみ、列車は波打つように崩落した。

①空から見た阪神石屋川車庫付近

②高架下ではタンクローリーの点検

③クレーンによる車両の搬出

阪神電鉄の石屋川車庫は日本で初めての高架式の車庫である。かつては地上にあったが、国道43号の建設にともない石屋川－西灘間を高架化した1967年、これにつながる車庫全体を高架の上に作ることになったのだ。

阪神淡路大震災では、その広い車庫を支えていた243本の柱が折れてしまうなどしたため、車庫に留められていた列車は地盤もろとも崩れ落ちた。線路は飴細工のように曲がりくねり、その上の列車は波打つように傾いて、なかには隣の車両にもたれかかっているものもあった。41両が被害を受けた。（QRコード①）

車庫の下の部分は、住友ゴム工業が倉庫として利用していた。地震発生時も、原料を運ぶタンクローリーが停め置かれていたとみられ、2月2日には、それを点検している様子も取材映像に納められている。（QRコード②）

車庫に列車を出し入れする引き込み線部分でも橋桁が何カ所か崩れ落ちていて、線路を使って列車を運び出すことすらできなかったため、2月7日には、クレーンを使って車両を運び出す様子も取材している。（QRコード③）

震災復旧後の高架下にはホームセンターや家電量販店、スーパーマーケットなどが出店している。

留学生は古い家に住んでいた

①参列した留学生のコメント「大変悲しい」

「誰も助けられなかった」との悲痛な声

しめやかに営まれた追悼式の様子

中国人留学関係者の追悼式が吹田市内で行われた。祭壇には神戸大学に留学中だった学生やその家族など21人の中国人の遺影が飾られるはずだったが、突然のことで8人の遺影を集めることができず、額の中に名前だけが記された。神戸大学では、阪神淡路大震災で39人の学生が亡くなったが、そのうち中国人留学生が5人、ミャンマー人留学生が2人であった。また大阪大学では、亡くなった学生1人が、やはり留学生であった。追悼式に出席した男性は、こう分析している。

「大変悲しいです。割合からしたら（全体のうち留学生の死者が）2割ぐらいという数字になっていますが、運が悪かったとかそういうのもあるんでしょうけども、基本的に留学生の住んでいる家が古くて、そういう結果になったんじゃないかと思います。ですから、何らかの改善策がとられたらいいなと思っています」（QRコード①）

阪神淡路大震災の死者を5歳きざみの年代で分析したところ、65歳以上の高齢者の死亡率が極端に高くなった。この世代は耐震性に乏しい古い住宅に住んでいる人が多く、倒壊家屋から脱出するための体力も劣っていたとみられ、結果は理解できる。ただ、10代後半から20代前半

悲しみの中、執り行われた中国留学人員追悼式。遺影を集められなかったため、名前を書いた紙を額に入れ弔った。

同じ留学生の仲間が駆け付けた。

声をあげて泣く参列者。

にかけて、死亡率にもうひとつ小さなピークがあることがわかった。この世代は、大学生や社会人となって間もない人たちであり、仕送りや収入の問題から、安価な木造住宅に住んでいることが多く、致命的な被害を受けやすかったのではないかと分析されている。

外国人や外国人留学生になるとこの傾向は一層顕著になる。ある研究では、日本人の死亡率0・15%に対して、外国人の死亡率は平均0・23%と高くなっている。留学生は日本人学生に比べて生活に余裕のない人が多く、耐震性の低い住宅に住まざるを得なかったことが、このような結果を招いたと言える。

地元大工場の被害

①損傷を受けた住友ゴム工業の工場と、ほぼ無事だった新社屋

②三菱重工神戸造船所の被害状況

③活気を失った神戸製鋼所

④神戸製鋼所の関連施設の被害

「ダンロップ」の商標で知られる住友ゴム工業は、当時神戸市中央区に本社と工場があった。操業中の工場内にいた約１５０人の社員は無事だったが、建屋は大きく損傷して操業できなくなった。工場のシンボル、高さ50ｍの煙突も折れた。（ＱＲコード①）住友ゴム工業は神戸工場の閉鎖を決断。無事だった生産設備を移設し、国内他工場での生産再開を目指した。１カ月後には名古屋で二輪車用タイヤ、４月には福島県白河でゴルフボールの生産が再開された。

兵庫区和田崎町の三菱重工神戸造船所では、ドッグの中を亀裂が走り、全体で約40ｍ沈下した。クレーンが倒れ、ドッグの中に落ち込んでいる様子も映っている。また進水したばかりのコンテナ船の上にも、大形クレーンが倒壊するなど、大きな被害が出た。（ＱＲコード②）

神戸製鋼所は本社屋が倒壊し、工場の生命線である高炉が緊急停止した。（ＱＲコード③④）鉄鉱石に熱風が送れず、製造過程の鉄が高炉内部で冷えて固まろうとしていた。固まってしまうと高炉は復旧できなくなるため、１０００度近くの高温の鉄を熱いうちに取り出すべくショベルカーで高炉内に入り、２カ月半後に復旧したエピソードで

壁に大きな亀裂が入った住友ゴム工業の工場。

知られる。この高炉は2017年まで生産を続けた。

川崎重工の神戸造船工場では、創業以来稼働していた第一ドッグに大きな損傷を受けた。クレーンが倒壊、御影石を貼った側壁が損壊するなどし、ドックとしての機能を失った。近代産業遺産として価値が評価されていたが、2013年に埋め戻された。

灘五郷に点在した酒造工場の多くも被害に見舞われた。ある工場では朝5時から酒の酵母を培養する作業に入っていたが、その建物が崩れ、5名が下敷きになり、1人がなくなった。中小の蔵元は地震の痛手から復旧することができず、転業や廃業したところも多かった。

三菱重工ではドックにクレーンが倒れた。

震災の被害から工場を復旧できなかった蔵元も。

倒壊家屋の撤去作業

日頃から培われたチームワークにより、スムーズに作業が進められていく。

①大型のクレーンを使った撤去作業

②真宗寺墓所の撤去作業

③流れ作業でがれきを運び出す

自衛隊による支援は、人命救助や生活支援にとどまらなかった。損壊した住宅の公費解体の方針が打ち出されたのに合わせて、倒壊家屋の撤去作業にも自衛隊が動員されることになった。

家屋の解体撤去は、原則として自治体に「願出書」を提出して、建物の所有者が所有権を放棄する意思を確認し、自治体が業者に発注するという流れだが、その発注先には自衛隊が入っていた。自衛隊による解体は、手続きに関してやや煩雑な点があったものの、指揮命令系統がはっきりしていて普段の訓練も行き届いていたことから、作業の迅速さや丁寧さで被災者に好評だったとされる。（QRコード①〜③）

長田区野田北地区の自治会は、解体に当たって自衛隊に2つのことを要望した。一つは、解体後に所有者間で混乱しないように、基礎部分を残して境界線を明確にするようにしてほしい、もう一つは思い出の品をできるだけ掘り出して欲しいというものであった。住民やボランティアとともに遺品、思い出の品を探し出し、尊重することにより、お互いに良いコミュニケーションが取れたという報告がある。

神戸市役所の内部

段ボールに入れた書類を運び出す。背景から、かなり高所での作業だとわかる。

①壁が落ち鉄筋がむき出しの神戸市役所内

②クレーンを使った書類の搬出

③渡り廊下の撤去作業

6階のフロアがつぶれた神戸市役所2号館。5階の取材が許された。5時46分で時計が止まったエレベーターホール。6階へと続く階段は崩れて上に上がることはできない。エレベーターは出入り口の扉が外れ、内部の鉄骨の枠組みがゆがんでしまっている。執務室のデスクの上にあった書類などは、すべてフロアに落ちて散乱し、足の踏み場がない。柱はひび割れて、内部の鉄筋が曲がっている。これがひどくなると5階も、6階と同じように押しつぶされていただろう。（QRコード①）

1号館と2号館を、8階と5階で渡り廊下が結んでいたが、8階の渡り廊下がちぎれて5階に落下。1月25日にクレーンで撤去している。（QRコード③）

2号館は地震直後から全面的に立ち入り禁止措置がとられたため、復旧作業に必要な図面や書類などの搬出もできない不自由な状況が続いていた。2月上旬に各部局は分散移転し、書類は2月18日に取り出されることになった。書類はあらかじめ段ボールに詰めて部署別に仕分けされていたが、エレベーターが使えないため、庁舎の窓の一部を取り外し、クレーンでつり下げたゴンドラを横付けして下ろしていった。（QRコード②）

張り紙と焼け跡にできたパラソル型たこ焼き店

①「私が少しでもお役に立てたら…」

②街中が倒壊し目印になるものがない

③「無事です」生存を知らせる張り紙

④がれきの中に「全員無事」の文字

1995年はパソコンや携帯電話が出始めた頃で、当然インターネットやSNSはない。電話番号を知っていても、火災で家が焼けたり、損壊して避難すると、それだけでもう連絡が取れなくなった。そんな中で安否を知らせる最も有効な手段は「張り紙」だ。アーカイブ映像の中には多くの張り紙が出てくる。（QRコード②〜④）

住民の安否が気になった時は、心当たりの場所に行くしかない。自宅、避難所、親類宅…思い当たる場所を探し歩いて会えなければ、いくら近親者であっても、それ以上連絡の取りようがなかった。心配して探しに来た人は、意中の被災者が見てくれる幸運を期待して、避難所の壁に「ここに連絡して欲しい」と張り紙を残した。一方、探されるかも知れないと思った人の多くは、自宅を離れる時、避難先と連絡電話番号を書いた張り紙を残した。重要な個人情報を人目にさらすことになるが、当時は学校や企業でも住所や電話番号を書いた名簿が普通に配られていた時代。電話番号を書いて貼っておくことにさほど抵抗はなかっただろうし、それ以外の手段もなかったのだ。

大火災に見舞われた長田区や須磨区では、知人の安否

カラフルなパラソルが、焼け野原の新たなランドマークに。

を確認しようにも、家があった場所にたどり着くための目印だった店舗など、ランドマークも焼けてしまった。被災した住民は、一時は片付けにきてその場に滞在しても、片付けるものすらない焼け野原に長く滞在することはない。心配で見に来た友人や近親者と入れ違いになってしまうこともあったようだ。

須磨区で喫茶店を営んでいた女性は2月5日に、店がもとあった場所にカラフルなパラソルを立て、応援に駆けつけたアルバイトやボランティアとともにたこ焼きを焼いた。

「私も毎日、地震の後、焼けましてからね、ここへ来てるんですけども、聞くとこがないんです。よくご親戚の方が来られまして、『ここの隣の者ですけども、どこへ行きましたか？』とか…。自治会長さんにしても、ずっとここにいるわけじゃありませんし…やはり、焼け野原ですので、もう何も聞くところがありませんのでね、まあ私なりに少しでもお役に立てたらと頑張っております」

（QRコード①）

ご近所づきあいのネットワークが、安否確認にも一役買っていたことがわかる。

淡路の瓦工場に復興需要

止まっていた瓦工場がようやく復旧

①「復興需要に間に合わせたい」

淡路島は、愛知県の「三州瓦」、島根県の「石州瓦」と並び、日本の瓦の三大産地のひとつである。なかでも銀色の「いぶし瓦」が有名で、住宅の屋根材として広く使われている。主に淡路島の南部、旧・西淡《せいだん》町（現・南あわじ市）や旧・五色《ごしき》町（現・洲本市）での生産が多かったが、被害が大きかった北部の旧・津名町や旧・東浦町（ともに現・淡路市）に生産拠点を構える業者もあった。取材した旧・津名町の工場は若干の被害があり、生産はストップしていた。

社長「被害のなかった工場もあり、平均して0.5から１カ月分の生産ができなかったということになります」

記者「復旧作業は？」

社長「9割方終わりました。間もなく正常運転に入る予定です。（被害家屋の）修復を含めて、注文がどんどん来ているので、出荷体制を早く整えて復興需要に間に合わせたいと思っています」（QRコード①）

業界全体で見ても、震災による生産設備の被害は比較的小さかったので、3月末には淡路島の多くの瓦工場が復旧した。復興需要で注文も入り、95年度は震災前の生産数量を確保した。それ以降、鳥取県西部地震（２０００年）や新潟県中越地震（２００４年）、東日本大震災（２０１１年）

被害が大きかった旧・津名町の瓦工場。

など、立て続けに地震が起こって、屋根の上に重い瓦をのせることを敬遠するようになった。その結果、2017年の粘土瓦の生産量は1995年の約5分の1に。そのうち、いぶし瓦の生産量は実に10分の1以下に減少した。

各メーカーは、軽量の瓦や洋風建築に合うデザインの瓦、太陽光発電のパネルが乗せやすい平板の瓦、地震や風で落ちないようツメで組み合わせる瓦など、競って新製品を開発したり、新規分野を開拓したりして生き残りを図っている。瓦は、日本の統一感ある町並みを形成する代表的な建材であったが、阪神淡路大震災はこの業界に大きな変革を迫るきっかけとなった。

瓦を乗せた建物の倒壊状況。

淡路瓦の工場の様子。

漁師たちの話

①地震を機に「海の中でも変化が生じている」

②海苔漁の厳しい現状を語る漁師

③加工場の配管工事の様子

④加工できず干からびてしまった海苔

漁師の朝は早い。地震の朝も、海苔漁師は海に出ていた。発生当時の様子を話す漁師の証言が生々しい。

「私はちょうど5時半に港を出て、沖の漁場に海苔を刈りに行っていました。海の真ん中まで行かんうちに地震が起きたわけですね。ドンドンドンって音がして船に物が当たったような。あれ？ 何が起きたんかなと思ううちに、後ろのほうに赤い線がスーッと走って、陸は全部電気消えてしもうた。神戸のほうでは原爆みたいにバーッと煙が上がった。一緒に漁をしていた息子が『これ沖にいてもあかん、何か起きたぞ、帰ろうや』というので、帰ってきたら地震やったと」

垂水区の塩屋漁港は、海苔漁が主体だ。港には海苔の加工場があるが、その建物がゆがみ、排水溝が壊れるなどして作業できない状況に陥った。この年ほど海苔がスムーズに育った年はないということもあって、悔しい思いを語る漁師もいた。（QRコード③④）

淡路島の北岸にもいくつかの漁港がある。2月上旬になって初めて沖へ出たという室津漁港の漁師は、「底引き網を引いていると、今まで深さ30mほどだったところが、場所によって6～7m段差ができていて、これまで網が

海岸に設置される加工場施設は液状化の被害に遭いやすい。

素直に通ったところが、断層に引っかかるようになった。魚のいる場所にも変動が出ている」と話す。（QRコード①）

室津漁港でも海苔の生産設備にダメージがあり、操業を再開できずにいた、海苔漁師は、

「機械はメーカーに来てもらって応急処置をしたが、壊れた水道の復旧は『住民の飲み水が先だ』と言われてまだできていない。漁師だからいつまでもクヨクヨはしないが、弱りました」

と話す。修理が終わって海苔を出荷することができるのは、早くても2月末ごろになるだろうという見通しだった。（QRコード②）

垂水沖で行われる海苔漁の様子。

水産加工場の水道復旧は後回しにされた。

トイレ掃除の高校生ボランティア

①参加した女子高生の感想「助け合いっていうのは苦しいな」

②高校生ボランティア到着

③うんこ部隊の活躍

「人のためにできるのはいいこと」

2月になると、被災地に高校生や大学生のボランティアが多く入り始めた。当時は、土曜日に学校が休みになるのは月のうち一回（第2土曜日）だけであったことから、2月11日と12日が、地震後はじめての連休であった。この日に合わせて、0泊3日でボランティアバスを仕立て、被災地に入ったのが愛知県の高校生たち。2月10日（金）夜に大型バス2台で名古屋を出発し、未明に神戸に着き、終日活動して、土曜日の夜に神戸を出発し、12日（日）早朝に名古屋に帰ってくるという形式を取った。これなら現地で宿泊する必要がなく、多くの参加者を組織できると考えたという。

早朝、王子公園に到着した学生たちは、まだまだがれきが残る中心市街地の三宮を歩いて抜け、活動場所へと向かう。参加した女子生徒は、「テレビで見ると画面で切り取った部分しか見えないけど、全体を見てびっくりしました。全然違います」と驚いている。（QRコード②）

兵庫区のボランティアセンターに入った彼らは、高層マンションの上層階への水運びと、地域に設置された仮設トイレや公衆トイレの清掃を手伝った。リーダーはそれを「うんこ部隊」と名付け、グループに分かれて活動するよ

混乱する被災地にあって、トイレ掃除は最大のボランティアであった。

うに呼び掛けた。（QRコード③）トイレ掃除は大変な仕事である。仮設トイレには水道がついておらず、運んできたとはいえ水を豊富に使えるわけではない。こすって洗い流すだけでは終われず、最終的には汚物を拭き取らないといけない。担当した女子生徒は本音を語っている。

高校生「思っていたよりずっとつらい。考えが甘かった」

記者「割りふられた仕事は？」

高校生「避難所のお手伝いということでしたが、予想どおりトイレ掃除でした」

記者「どうですか？　やってみて」

高校生「助け合いっていうのは苦しいなと思いました」（QRコード①）

愛知県の高校生たちによるこうした活動は、東日本大震災の際も同様のボランティア活動として受け継がれ、その後NPO法人が組織されて、各地の災害でも活躍している。若者が支援を通して実際に被災地を見ることは、防災への意識を高め、自分たちが被災した時には「経験値」として生かせる。当時このボランティアバスを率いた高校教諭はのちに神戸新聞の取材を受け、「この経験は、いつか東海地震が起きた時に必ず役立つ」と話している。

「レンズ付フィルム」で被害を記録

②「被災地を見ていると泣けてきます」

①写真やビデオを撮影する人たち

レンズ付フィルムを購入する女性

③罹災証明のためレンズ付フィルムを購入

地震から10日が過ぎた頃の三宮では、カメラを持って写真やビデオを撮る人の姿が見られるようになった。混乱のなかで、撮影することなど思いもよらなかった人々も、「この異様な光景を記録しておかなくては」と思うようになり、心境の変化を感じることができる。（QRコード①）

記者「きょうは、どちらから？」

男性「大阪から来ました。神戸は若い頃から世話になった所なので、どんな状態になってるか。灘の辺りからここまで歩いてきた。僕は幸い被災地から外れてたからよかったけど、ああいう被災地を見ると泣けてきます。これからできるだけ力になってあげたい」（QRコード②）

この男性は話しているうちに涙を流し始める。この様子を見ていると、決して物見遊山の気持ちだけで撮影しているわけではないことがわかる。「東京にいる子どもに、自分の住んでいた街はこんなになったんだよと見せてやろうと思って」とシャッターを切る人もいた。混乱の時期に被災地を訪れることは、被災者の心理を逆なでしたり、復興の邪魔になったりすることもあるので慎重な判断が必要だが、決して悪いことばかりではない。

2月の連休、三宮センター街の入り口の脇で、レンズ

神戸の街中には、「レンズ付フィルム」を販売する露店ができ、人々は次々に購入した。

付きフィルム「写ルンです」を売っている露店があった。そこでカメラを買っている人にも記者が聞いている。

女性「東灘区の魚崎です。今は避難してます」

男性「これから倒れた家へ行きます」

記者「カメラは？」

男性「被災の証拠に。罹災証明をもらうのに写真がいると聞いています」

記者「家はどういう状態？」

男性「1階は完全につぶれて2階が1階になってる状態で、全滅です」（QRコード③）

レンズ付きフィルムは1986年に発売され、2000年代にデジタルカメラやスマートフォンが普及するまで、手軽に写真を取ることのできるツールとして人気を博した。家が壊れて写真機が取り出せなくなった被災者が罹災証明の申請をするためには、これを買うことから始めなければならなかった。今後、IT技術が進歩すると、動画や写真を撮影した日にち、場所をデータに記録することも容易になる。どんなツールで被害を記録すると公的申請に使いやすいか。次の災害に備えて、社会全体で考えておく必要がある。

長田区の真陽《しんよう》小学校で授業再開

震災後の生活を被災者とともに送ることは、子どもたちにとって学びの機会にもなる。とくに学校と地域が信頼関係で結びついていれば、その教育効果は大きくなる。災害時ほど、地域住民が学校の中に入り込んでくることはないからだ。

長田区の真陽小学校では、授業を再開するにあたって、教諭が児童に対して、学校の現状について語っている。

「今までは小学校は３２１人、僕らだけのものだったけど、きょうからは違う。１３００人の避難されている方たちと僕たち私たちと一緒に過ごすスタート。２つの意味がある。手を２つ出して、今までは僕らだけの学校、これからは避難されている方と一緒に生きる」（QRコード①）

真陽小学校の通学エリアを中心とする真陽地区では、全焼した家屋が４５３棟、全壊が１１１３棟。53人が亡くなり、３５００人が住み家を失った。しかし、地域では少子高齢化を意識し、社会的弱者の救済を目指して協議会を設立、運営してきたことで、被災者の把握や支援は比較的スムーズに行われたという。授業再開にあたっては、学校と避難者の間のコミュニケーションもしっかりと行われていたようである。

②「いい学習の場」と語る小学校長

①小学生と避難者の共同生活

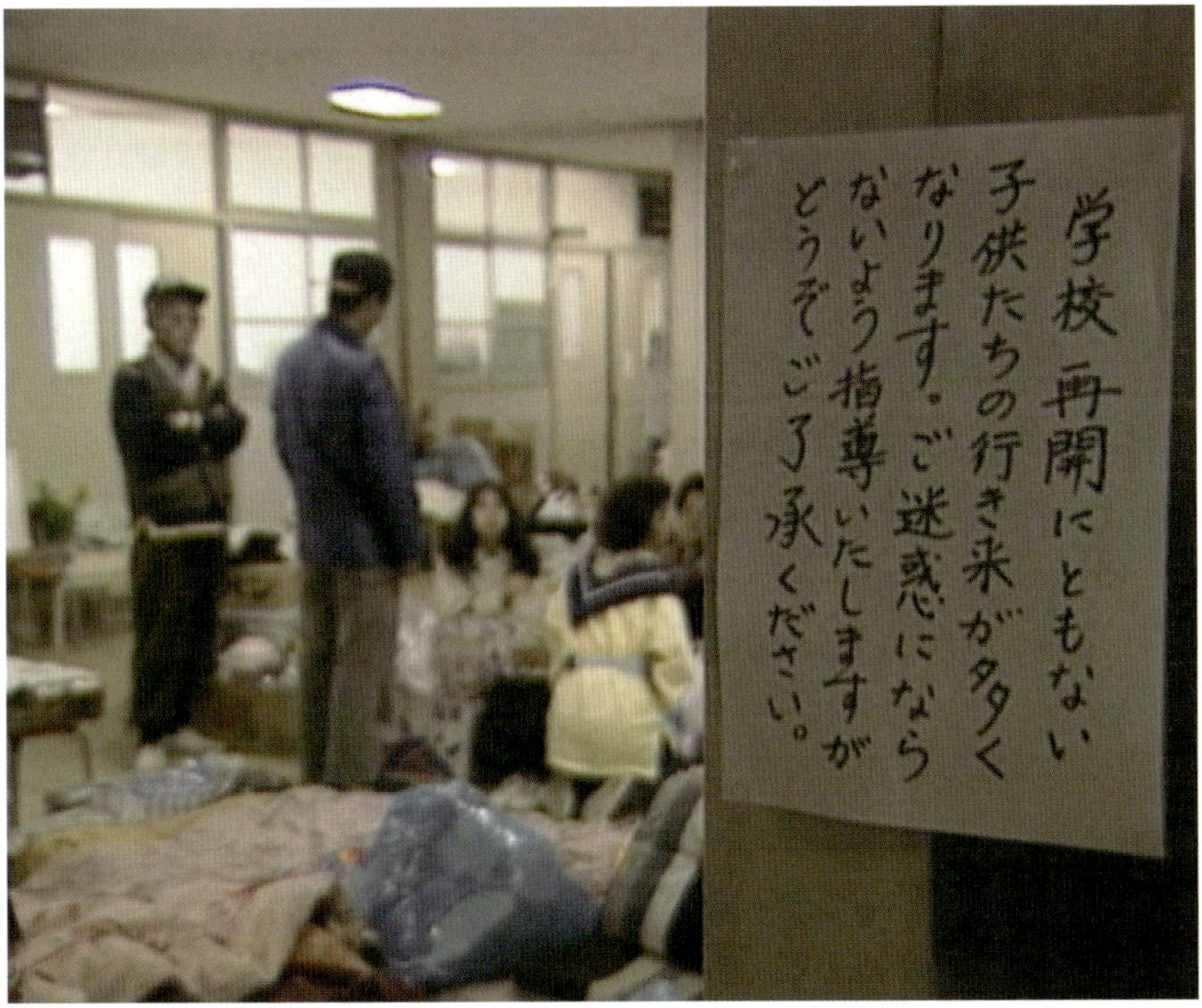

学校側と避難者、それぞれ言い分はあるだろうが、両者が互いを気遣う中に共存が成り立つ。

校長「毎晩の地域の方との会合で『子どもたちが学校に来て騒がしくなるけど、お許しください、廊下を走って通るかもしれないけど、迷惑をおかけします』と話しました。地域の方からは『先生、そんなことかまわないです。どうぞ子どもたちのことを考えてやってください』とおっしゃってくださった。授業をするにあたって、チャイムが鳴ると、休んでる方の妨げになるんじゃないだろうかとも相談していました。それも地域の方が、『そんなことはいいですよ、どうぞチャイムを鳴らしてください』と言ってくださった。その言葉で、子どもたちと一緒に暮らしていける。(互いに)思いをはせることによって、一緒にあすを考えていこうと指導することができる。いい学習の場じゃないかなと思いました。子どもたち自身が、避難者に心遣いをしてくれると期待している」(QRコード②)

真陽小学校は震災後、熱心な防災学習を展開してきたことでも知られる。2014年からは関西大学社会安全学部近藤研究室と共同して、毎週お昼の「防災放送」に取り組むなど、大変ユニークだ。地域住民とともに苦難をくぐり抜けた「成功体験」が、その後の防災教育にも生きているに違いない。

人工島の通勤事情

①「アクセスが全くだめですからね」

②代替バス乗り場の行列に説明する係員

③バス待ちの女性たち

④六甲アイランドから自転車通勤する男性

神戸市には大きな人工島が2つある、ポートアイランドと、六甲アイランドである。山を削って海を埋め立て、双方に街をつくって人口を増やす政策は、当時「神戸市株式会社」と言われ、成長のモデルとなっていた。

阪神淡路大震災は、その埋め立て地の弱点を突いた。1988年に「街びらき」した六甲アイランドは、周囲の港湾施設が激しい液状化の被害を受けた。住宅街や商業施設が建ち並ぶ島の中央部は大きな被害はなかったが、島と対岸を結ぶ3つのアクセスルートのうち2つが使用不能になった。通勤のために島外に避難し、週末に自宅に戻っていた男性が、インタビューに答えた。

記者「水道とかガスは戻ってるんですよね？」

男性「ええ、もう戻ったんですけど、アクセスがまったくだめですからね」

記者「代替バスだけじゃ通勤厳しいですか？」

男性「それはちょっと無理でしょうね。夜遅くなったら、帰ってこれないですしね」（QRコード①）

島内に住む人口の交通需要をさばくため、街びらきの2年後に開通したのが新交通システム・六甲ライナーだ。地震で橋桁が落下するなど、長期間の運休は必至であっ

島内の人口に比べてバスの輸送は圧倒的に不足していた。

たが、代替バスは台数が少なく、運行時間も短かった。朝、バス乗り場で大行列を作る乗客に、係員が「4台から5台。ここだけで。あしたからそれが倍に増えて11台」とバスの台数を説明している。（QRコード②）列に並ぶ乗客の女性はインタビューにこう答えている。

「どのルートがいいか模索してるんです。きのうはシーバス（船）で帰ってきたんですけど、シーバスは島の南端に着いて、始発が9時半なんですよね。このバスも始発が6時半ぐらいだったらいいのにと思います」（QRコード③）

通勤手段をバイクや自転車に切り替える人も多かった。唯一のルートである六甲アイランド大橋は坂が急で、自転車は大変そうである。

記者「結構、大変ですね。六甲ライナーが動くまではずっと自転車で？」

男性「そうですね、しょうがないですからね」

記者「バスだと間に合いません？」

男性「7時からなんで、ちょっと間に合わないです」（QRコード④）

震災後、ポートアイランドには海底トンネルが開通し、ルートが一つ増えた。六甲アイランドは当時のままである。

がれきの野焼き

①災害廃棄物の野焼き環境調査

②廃棄物の中には大切な思い出も

③続々と焼却される災害廃棄物

がれき最終処分地に向かうトラックの大渋滞

地震で家が壊れるとその多くは「がれき」となる。下敷きになった家財道具も、生活再建が急務となる中、思い出に浸って選別している余裕はなく、その多くが廃棄されることになる。当時は廃棄物を処分する業者が不足し、高額な処分料を請求されるケースも見受けられた。がれきを積んだ大型トラックで集積場に向かう道路が渋滞したり、まったく分別されないまま大量の廃棄物が投棄されたりする事態も起こり、社会問題化した。

2月半ばになって、集積場での可燃物の「野焼き」が問題になった。映像では、集まってきた廃棄物に軽油をかけて火をつけるシーンも映っている。（QRコード①〜③）集積したごみの自然発火で燃え上がったケースもあったという。

阪神淡路大震災は、倒壊家屋の解体撤去のスピードが早かった。翌年1月末現在の倒壊家屋の解体・撤去の進捗は95・8％である。阪神淡路よりも損壊家屋数の少ない2016年の熊本地震での公費解体率は1年後で6割にすぎず、相当なスピードで進められたことがわかる。仮置場へのがれきの搬入スピードがあまりに早かったために、スペースがなくなるのではないかという不安から野

トラックで運ばれてきたがれきは、降ろされた後すぐに焼却される。

焼きに踏み切った自治体もあったという。

野焼きに伴う煙やすすなどの小さなホコリ対して処分場周辺の住民から苦情が寄せられたため、環境庁（当時）では、2月末以降、野焼き現場周辺地域で、有害大気汚染物質13項目の調査を行った。おおむね国内都市地域の環境濃度の変動の範囲に入っていたが、野焼きは3月上旬までに中止された。2001年以降、廃棄物処理法で野焼きは禁止され、その後の災害で大規模な野焼きは行われていない。ただ、首都直下地震や南海トラフ地震など、より大規模な災害に備えて、一挙に増加するがれきなどの廃棄物のあり方について準備しておく必要がある。

野焼きするために軽油をかける。

研究者らが野焼きの調査を実施した。

仮設住宅入居 喜びと別れ

①仮設所内部を見て涙ぐむ当選者の女性

②門出を笑顔で見送る避難所の被災者

③避難所の人と別れを悲しがる女性

「早く全員が仮設住宅に入れますように」

家を失った被災者にとって、仮設住宅に当選し入居することは、落ち着いた生活環境を確保し、再建への一歩を踏み出す機会だった。避難所などでの生活が長ければ長いほど、入居の瞬間の喜びは大きかったであろう。しかし、インタビューされた入居者の多くは、喜び一色のコメントではなかった。

ペットのイヌを連れて、灘区の脇浜公園の仮設住宅にやってきた女性は、中に置かれていた物を見て驚いている。

女性「当たってない方に申し訳ないんですけどもね、当てていただいて。よかったです。ありがたいです」

記者「最初にご覧になった印象はいかがですか？」

女性「なんかね、本当にきれいにしていただいてて。設備もありますしね。その上、毛布や生活用品、調味料まで入ってましたから、今ビックリしました。もう皆さんの善意にね、本当に心から感謝してます」

長田区の若松公園にやってきた女性は、もとの居住地に近いところの当選を喜んで涙ぐんでいる。

記者「今回、当選すると思ってました？」

女性「障がい者の人も近所におるから、その人らが当たってからだろう思ってたのが、（自分も）当たったので…。

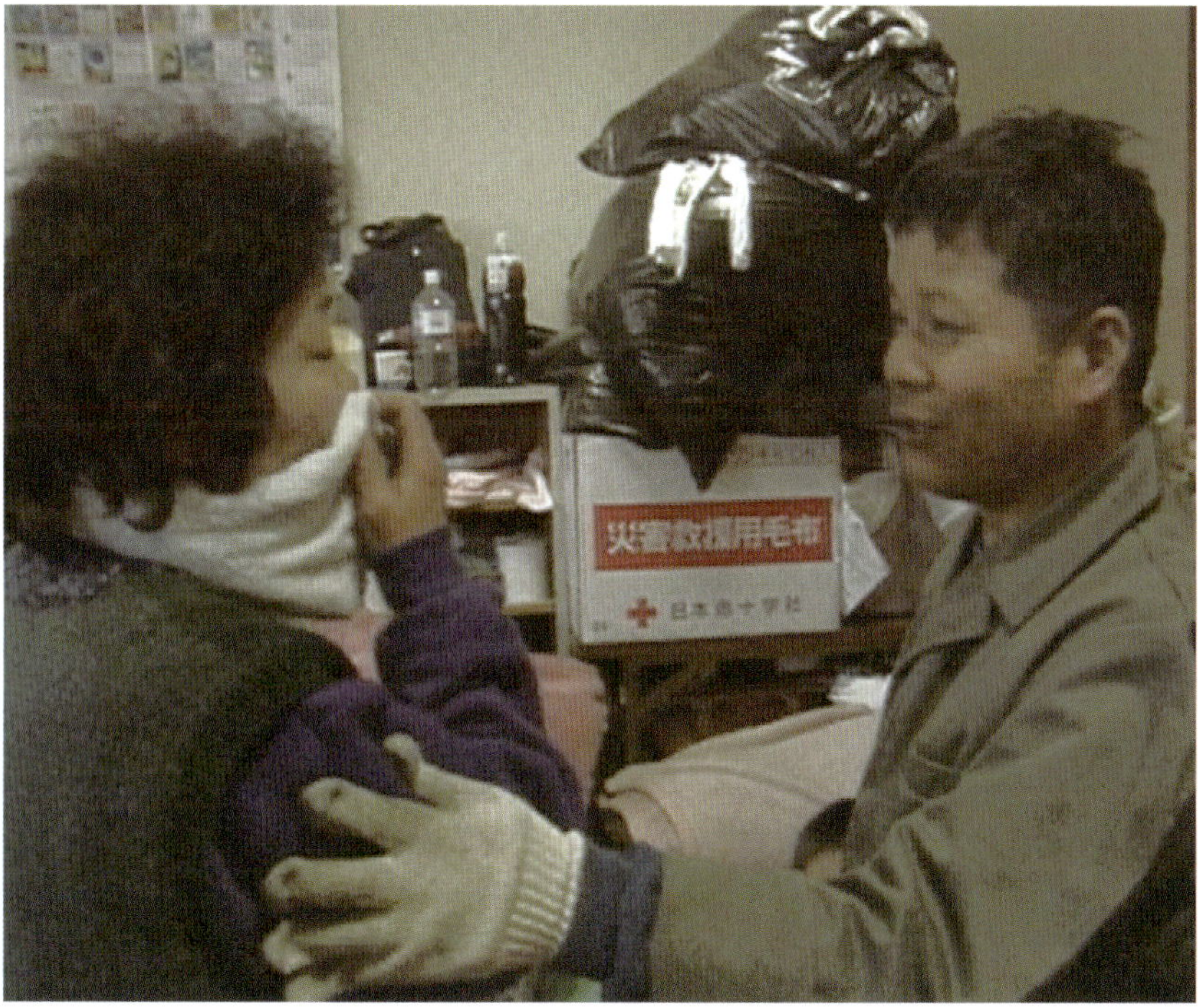

この状況下、誰もが不安を抱えていたはずだ。それでも笑顔で見送る姿には感服させられる。

近所の人たちに、『私当たりまして皆さんより一足先に…言うのもつらいけど』って言ったら、『いやいや、どうせ皆も当たるし、気兼ねせんでもいい、当たって良かったな』とみんな喜んでくれただけでまだ…」（QRコード①）

揃って口にするのは、周りの人への「気兼ね」である。若松公園の女性は、周りにみんながいたし、自衛隊が提供してくれる入浴サービスがあり、避難所生活でつらいことは「別になかった」と話している。それだけに仮設住宅への入居は嬉しい反面、長く避難生活を共にした「仲間」に対して申し訳なさが募るのだろう。

2月15日には、避難所から引っ越して、仮設住宅へ入居する人をカメラが取材している。避難所を出る際にはリーダーとおぼしき男性が、引っ越す人を明るく見送っている。入居が決まった人にできるだけ気兼ねさせないための心遣いだったのだろう。（QRコード②）

仮設住宅への入居は、みんなで乗り越えてきた災害直後の暮らしから「独立」する瞬間でもある。避難所暮らしでは人と人との距離が近く、煩わしいと感じることもあっただろうが、ここからは反対に、寂しさや心細さという感情と向き合わなければならなかった。（QRコード③）

賑わうパチンコ店

被災を免れたパチンコ店は大盛況だった。日常を取り戻したと見ることもできる一方で、「災害で大変な時にギャンブルなんて」という批判も聞こえてきそうだ。

映像から「混雑している」という現象はわかるが、映っている人の心のうちまではわからない。職場が復旧せず仕事ができなかったり、大切なものを失って、心に空いた穴を埋めるためにパチンコ台に向かったりしたのかも知れない。（QRコード①）

①空席が見つからないほど混み合うパチンコ店

老若男女、さまざまな客で賑わう店内。

2月

雪のちらつくテントで授業

東灘区の本山中学校は、地震の揺れで校舎や体育館が全壊したため、校庭に行事用テントを張ってつなぎ、その中に机と椅子を並べて、「テント教室」で授業を実施した。周りはビニール製の幕で囲って風を防いでいるが、足元には隙間があり、出入り口の切れ目が風でパタパタとなびく。2月は小雪が舞う天候の日もあり、生徒はジャンパーを着込み手袋をして授業に臨んでいた。苦心して学習環境を確保しようとしていたことが伺える。（QRコード①）

①屋外教室での授業風景

粉雪舞う寒空の下、防寒着を身に着け勉強に励む生徒たち。

2月21日

プールサイドで洗濯

本山南小学校のプールサイドの洗濯場は「ハレハレランドリー」と呼ばれた。

①「電気はきたけど、水はまだ」

②「みなさんと仲良く洗濯しています」

快晴の空の下で行われる洗濯風景

ライフラインの復旧には時間がかかった。なかでも水道は完全に復旧するまで、およそ3カ月がかかったが、水道が仮復旧しても、自宅が壊れた被災者には洗濯する場所にも困る状態が続いた。夙川や都賀川のほとりに洗濯物を持ち込み、川の水で洗う姿も取材映像には収められている。西岡本で取材した女性は、六甲山から流れてくる側溝の水すらも洗濯に活用していた。

淡路島の旧・北淡町では2月1日、「電気はきたけど、水はまだ」といいながら、復旧した屋外の水道から水を汲み、電気洗濯機に入れて洗濯をする様子を取材している。（QRコード①）

避難生活が長期化する中で、毛布などを洗濯したいという要望も多く寄せられたこともあり、メーカーから寄贈されたり、市が発注した洗濯機が2月上旬から避難所に設置され始めた。2月21日には、本山南小学校のプールサイドに、洗濯機十数台が持ち込まれ、被災者の洗濯に提供された。洗濯物を干すスペースもたくさんあったことから、順番待ちに並ばなければならないほど好評だったようだ。毎日やってくるという女性は、「避難してからは洗濯物を溜めていましたけど、でもここで洗濯できるようになって助かる」と話していた。（QRコード②）

ポートアイランドでマンション横にがれき置き場

②「マスクの中、真っ黒け」

①砂ぼこりが舞う、がれき置き場

上空から見た災害廃棄物の集積場

③「せっかく仮設住宅ができても…」

損壊した建物から出た大量の廃棄物は、人が生活する近くにも置かれた。鉄筋やコンクリートの塊などのいわゆるがれきに加え、家具や家電品などさまざまな種類のものが廃棄されるため、それを分別するスペースも必要となった。

阪神三宮駅から歩いて5分ほどのところにある磯上公園にも災害廃棄物が集められた。都心部にありながら、野球ができる小さなグランドもあり、その広さが好都合だったのだろう。うずたかく積まれた山の上では重機が忙しく動き、ショベルが廃棄物を移動するたびにホコリが舞い散った。餌となる食品も含まれているのだろうか、ユリカモメもそれに群がっていた。

廃棄物にゆりかもめが群がる同様の光景は、この公園の南東300mほどのところにある 小野浜公園でも撮影している。これだけ大量の鳥が生活エリアを飛び交うと、フンなど新たな公害が発生するおそれもある。

神戸大橋を渡った対岸、ポートアイランドでは、マンションのすぐ横に廃棄物の集積場ができていた。（QRコード①）マンション数階分の高さまで積み上がった廃棄物の中には、コンクリートや鉄筋などが多く含まれている。主

マンションのすぐ横に、うずたかく積み上げられたがれき。

に倒壊家屋の撤去したがれきのようだが、それゆえに土埃がすごい。トラックから降ろされ、重機がそれを積み上げたり均《なら》したりするたびに、激しく舞い上がっていた。事情は理解しつつも、近隣住民にとっては生活に直結して困ったことが起こる。

女性「もうマスクの中、真っ黒け。鼻の中とか。だって、液状化の砂だけですごいのにね。こんなんじゃ余計ですよね」

記者「窓開けられない？」

女性「風向きによってはすごく来ますよ」（QRコード②）

別の女性も、

女性「洗濯物が外に干せない状態なんですよね。ほこりがすごくて。なんかみるみる（がれきの）山も大きくなる感じで」

記者「ちょっと水とか掛けながら作業してほしい？」

女性「そうですね。場所がないんだと思うんですけど、ちょっと困ったもんですね。横に仮設住宅もできかけていますし、ああいう所の横にそういうのができるのもどうかと思いますけど」（QRコード③）

たとえ住んでいる家が壊れなくても、大震災は、人々の日常生活を少しずつ破壊した。

避難所に間仕切り

①避難所に間仕切りが運び込まれる光景

②間仕切りが設置された避難者の感想

③間仕切りは防寒対策にも役立った

④プライベートな空間ができ喜ぶ若い女性

学校の体育館など、広いスペースに多くの人が避難した際には、プライバシーが問題となる。近年では段ボールでできた「間仕切りパネル」を支給する避難所が多く見られるようになりつつあるが、阪神淡路大震災の頃はまだほとんど普及していなかった。3月までの取材映像の中で、避難所の間仕切りを取材したのは、芦屋市立体育館のわずか1カ所だけである。

2月23日、段ボールでできた白いパネルがトラックから降ろされ、避難者のいる体育館内に持ち込まれた。（QRコード①）畳半畳分の大きさの白色のパネルの一辺をテープで固定したようになっていて、渡された避難者は、思い思いに自らの居住スペースを囲っていった。囲っても高さは90㎝なので、正座して背筋を伸ばせば隣の人と話ができるが、それでも自分のスペースとして安心感が持てる上に、真冬の避難所で切実な寒さ対策には十分だったようだ。

記者「どうですか？　初めて仕切りができて」

女性A「とても気持ちよく安心して寝られそう。暖かいから違うと思います。広い所で寝るのと違って、空気が遮断されるから」（QRコード②）

避難者は思い思いに間仕切りを使い、自分のスペースを確保した。

女性B「見た感じ、清潔でよろしいね。あるのとないのとでは違います。今までは寒い時はすきま風やら入ってましたもんね。これで解消されると思います」

記者「横から丸見えでしたね」

女性B「いくら年とってもね」（QRコード③）

この間仕切りを2段積みにした着替えブースも設置された。避難している若い女性は「更衣室が一番嬉しい」と喜んでいる。

一方、個人スペースの間仕切りの高さについて彼女は、「この程度が一番、ちょうどいいのでは。あんまり狭くて高いというよりは。お隣とのおつきあいも、助け合ったりしているんで、全く壁を作っちゃうより、これぐらいが一番ちょうどいいのではないかと思います」と話す。（QRコード④）

プライバシーや感染症のことを考えれば、もう少し壁は高いほうがいいのだろうが、全く見えなくなってしまうと、避難者の健康状態の把握や、窃盗のような犯罪に目が行き届かなくなる弊害もある。どのようなものを備蓄するか、段ボールベッドなどの普及とあわせて、総合的に考える必要がある。

湾岸線の橋桁撤去

①比較的新しい湾岸線の落橋は関係者にショックを与えた

②落下した橋桁の撤去作業

六甲ライナーの橋桁も落下し復旧に時間を要した

カーブした橋桁で落橋が多発

インフラの崩壊で目立ったのは、橋脚《きょうきゃく》が損傷することによって橋桁が沈み込んだり、阪神高速3号神戸線のように高架橋全体が横倒しになったりする現象であったが、もうひとつの問題は、橋桁が橋脚から落ちる「落橋」である。1964年の新潟地震で昭和大橋が落橋した教訓から、高架橋や橋梁には阪神淡路大震災以前から、金属製の連結板などで橋桁同士をつなぎ橋桁が落ちるのを防ぐ「落橋防止工」が設置されていたが、地震の衝撃によってそれらが破断し、機能しないケースが目立った。

特に、鉄橋とコンクリート橋など隣り合う橋桁同士の構造や規模が違ったり、橋の構造が曲線になっていたり、橋桁に傾斜がある場合などで落橋に至るケースが報告されている。隣り合う橋の重さや構造が異なることで、地震の揺れで一方の橋桁がもう一方の橋桁を、橋脚の上から押し出し、落ちてしまったのではないかと分析されている。

阪神高速5号湾岸線の西宮港大橋の大阪側での落橋は、海をまたぐ巨大なアーチ橋につながる、陸側のコンクリート桁が落ちた。（QRコード①）隣り合う橋桁同士の構造や規模が違う典型的な例であり、落ちた陸側は緩やかにカーブしている。その上、橋脚が埋め立て地の海岸に近い

橋桁が橋脚から落ちてしまった阪神高速5号湾岸線。

橋桁が落ちた様子。

巨大クレーンで新しい橋桁を吊り下げ復旧する。

部分に立っていることから、液状化で橋脚が動いたことも落橋の一因になったと指摘されている。

斜めになった橋桁の撤去は、準備作業ですら大変な工事だが、巨大なクレーン付き台船でつり下げ工期を短縮した。（QRコード②）3月18日には新たな橋桁が設置され、阪神高速5号湾岸線は4月10日には復旧開通した。

阪神淡路大震災以降、より大きな落橋防止対策が随所で見られるようになった。たとえ橋桁がずれても落ちないよう、既存の橋脚に大きな金属の「台」を設置したり、強化ゴムを使った落橋防止チェーンを取り付けしたりするなど、より大規模な仕組みが目立つようになっている。

章票はホンモノ？交通規制に苦戦

国道43号武庫川－国道2号西大島間の大渋滞

①さまざまな種類の「許」「緊」の張り紙。真偽のほどは…？

兵庫県警からの呼びかけ

新規制後、初の平日となった2月27日

被災地には災害直後から、救助や救援、復旧復興のための車両が向かった。阪神高速3号神戸線が倒壊、5号湾岸線も寸断されたため、国道2号、国道43号がメインルートになった。ただこのルートも、地震で段差ができたり、倒壊した建物の撤去やライフラインの復旧作業でしばしば規制されたりした。緊急車両、復興車両だけでなく、被災した親族に物資を運んだり、ボランティアに入ったりするための一般車も多く流入し、慢性的な渋滞に悩まされた。

　警察は不要不急の車の通行を抑え、緊急車両や復興車両を優先するため、規制に乗り出した。法律で定められた緊急輸送車両用標章「緊」の他、社会的要求に応じるための標章「許」、住民などの生活上の必要性に応じるための標章「認」、がれきなど搬送車両用の標章「廃」の4つの規制除外車両用標章を発行し、2月24日までに約35万件を超える標章を公布した。

　震災直後には、申請に対して標章そのものが足りなかったために、各警察署で手書きやコピーによる交付が行われた。中には交付された標章をカラーコピーし、従業員の通勤や営業活動など目的外に使用する事例も発生した。当時の取材映像にはフロントガラスに「緊」や「許」

車のフロントガラス部分には多種多様な章標が並んだ。

のマークを貼り付けた車が映っているが、字体や色、紙の雰囲気も違い、どれが本物で、どれが不正な手続きで作られたものか見分けがつかない。（QRコード①）

震災から1カ月あまりが過ぎた2月25日、2本の国道が復興物資輸送ルート、生活・復興物資関連輸送ルートに指定されるのにあわせて、新しい標章を発行して規制を強めることになった。標章の発行枚数は大幅に圧縮され、偽造標章を使った悪質な事例に対する取締も強化された。渋滞はいくらか緩和したものの、生活道路に一般車が流入するという弊害も発生した。4月末には、コピーできない新たな標章に切り替えられるなどして、規制は翌年8月まで続いた。

この混乱の教訓から警察庁は、災害時に緊急通行車両として使用することが想定される自治体やライフライン企業などの車については事前届出をする制度を導入した。東日本大震災（2011年）でも、物資や燃料の搬送のための民間トラック事業者らへの標章の発行に膨大な事務作業が生じたため、輸送協定を締結した民間事業者らの車両についてもこれを適用するように制度が拡大された。

簡易メニューで給食再開

学校においても家庭においても、給食の再開が復興への後押しとなった。

①久しぶりの給食に喜ぶ子どもたち

②みんな揃って「いただきます!」

③午後からの授業のため給食スタート

2月14日から月末にかけて、小中学校で給食が再開された。ライフラインが復旧していないことに加え、調理施設が被害を受けた学校もあり、パンと牛乳、ソーセージ、ゼリーなど、すでに調理されて包装された品目が中心の簡易なメニューでのスタートとなった。(QRコード①②)

2月27日に給食を始めた湊川中学校では、先生が「足らない部分もあるけど、今の状況ではここまでしか準備できません。おなかを満足させるものではないですが、簡単な食事を用意してます」と生徒らに声をかけた。(QRコード③)

野菜や魚類などはほとんど取れないことから栄養面では十分ではないが、子どもたちは友人たちと一緒に食べられるということもあってか嬉しそうだ。学校の多くは半日授業で再開されていたが、給食の再開で通常の時間割に戻すことも可能になった。

震災で被害を受けた家庭は、生活の復旧のための作業や手続きを進めなければならないが、子どもたちの生活が元に戻らなければ、親はなかなか子どもから離れることができず、思うように進まない。給食再開も復興の後押しとなったに違いない。

神戸市長田区
神戸市中央区
神戸市灘区
神戸市兵庫区
神戸市須磨区
神戸市垂水区
神戸市東灘区
神戸市西区
伊丹市
尼崎市
西宮市
芦屋市
姫路市
淡路市
大阪府

第5章

再生への動き

菅原市場で一軒の本格店舗

①火災後の焼野原に店舗を建設中

②店舗を建設する鰹節加工業者の声

③焼け跡となった菅原市場の様子

④「近いうちに仮設店舗作る予定でおるから」

大規模な火災や家屋の倒壊が多数発生した地域では、復興にあたり「区画整理事業」が行われることになった。都市計画事業や区画整理事業が始まると、道路や公園を含むまちづくりの計画が一から作られることになるため、土地を持っていたとしても、もとの場所に自由に建物を建てることはできなくなる。また、計画には住民の合意も必要となるため、実行されるまでには相当な時間とプロセスがかかる。事業者にとってはその期間に、商売をどう維持していくかも大きな課題となる。

長田区の御《み》菅《すが》東《ひがし》地区もその計画の網がかけられた地域のひとつだ。火災でアーケードが焼け落ちた「菅原市場」があった。（QRコード③④）震災前は、100以上の商店が軒を連ね、地域の台所として親しまれていた。アーケードも、周辺のがれきも撤去されない地域のど真ん中で、棟上げ式を終えた一軒のお店をカメラが取材している。（QRコード①）

女性「きっかけ？　きっかけはね、もう神戸市の行政がもう待たれへんのです。3月の17日以降にここを撤去されるいうことを聞いてましたけども、みんなそれまで待てませんねん。それまで待っとったら、得意先がなくなりますねん。それが死活問題やから。主人はもう思い切っ

店舗の新しい柱や梁が、周囲を埋め尽くすがれきと対照的。

て、これに踏み切ったんですよ。自分で建てるっていう」

記者「区画整理区域ですよね…」

女性「だから、その時は退きますよ。でも、それがいつになるか…。3年も5年もかかるんでしょ?」

記者「ご商売の方は、今は当然お休みですよね?」

女性「神戸市内の得意先は地震でやられてますね。でも、明石とか垂水のほうは大丈夫なんですよ。そやから、そういうところから注文が来ますんで」

記者「一日も早く注文に応じられるようと?」

女性「仮設が当たったとしてもね、そこであたしらやっぱり仕事ができませんやん。機械を入れては…それもあって、思い切ってね、自分で建てようっていうふうに決めたんですよ」(QRコード②)

このお店は、古くからここで事業を営んでいた鰹節加工業者。うどん屋さんや蕎麦屋さんを得意先にしているという。区画整理事業が本格的に始まると取り壊さなければならない一時的な店舗を建設するのは大きな決断である。店主の女性は「自力でしないと、誰も助けてくれない」とその決意を語っている。その1週間後、焼け跡のがれきが撤去され始めた。

中学校の卒業式 避難者から赤飯やお花

①被災者から贈られたお祝いの言葉と赤飯

②「テント教室」でのお別れ会

③感謝を込めてサイネリアの花をはなむけに

夢を語る上筒井小学校の卒業生

取材映像アーカイブでは被災地の学校の卒業式を数多く公開している。友人がなくなり、遺影とともに式典が進行して、遺族に卒業証書が渡されるシーンが多く、関係者の無念を思うと、こみ上げてくるものがある。

芦屋市の埋め立て地にある芦屋南高校（現・芦屋国際高校）は、液状化の不等沈下で校舎と校庭の間に大きな段差が残っていた。全校で生徒7人と教員1人が犠牲になり、卒業生のなかにも亡くなった生徒がいた。卒業式では、一人ひとりの名前が呼ばれたが、亡くなった生徒が呼ばれた際は、卒業生全員で声を合わせて返事をした。制服を後輩に借りて式にのぞんだ生徒もいたという。

学校の体育館が使えないため、間借りして卒業式をした学校も多かった。体育館の一部が焼けた灘区の烏帽子《えぼし》中学校は、兵庫県トラック協会の研修センターが会場となった。校舎が大きく損壊した東灘区の本山中学校は甲南女子中学の講堂を借りて式を行った。本山中学校の生徒らは、その後学校に戻り、校庭の「テント教室」でクラス毎にお別れの会を行った。（QRコード②）

避難所となった学校で、およそ2カ月の間生徒たちとともに過ごした避難者にとっても、卒業式の晴れの日に子ど

震災を乗り越え、新たな門出を迎えた若人たちに、家族、先生、避難者、多くの人々が祝福と応援の言葉を贈った。

もたちを送り出すにあたって、「何か感謝を表したい」という思いが芽生えていた。中央区の生田中学校では、依然として体育館の中で４００人ほどの被災者が避難生活を送っていたため、卒業式は中庭で行われた。式が終わり、花道を退場する生徒らに、避難者から鉢植えのサイネリアが手渡された。学校へ恩返しの気持ちを示すために、避難者らがお金を出し合って買ったという。（QRコード③）

須磨区の太田中学校は、体育館が立入禁止となったため、千歳小学校（当時）の体育館を借りた。多くの生徒が制服を失ったため、全員がメーカーから寄付されたジーンズ姿で式に臨んだ。亡くなった４人の卒業生には、校長が遺族の席まで卒業証書を届けた。その後、学校に戻った卒業生を待っていたのは、学校に避難していた人たちだ。

「強くなれ強くなれ、何事にも負けないよう、優しくなれ優しくなれ、全ての人に愛されるよう、これから先の君たちへ、どうか新転地で強く羽ばたいてください。太田中学災害対策本部一同。本部よりの志です、受け取ってください」（QRコード①）

贈られたのは手作りの赤飯。早朝から避難者有志が準備した。何よりも心に残る、はなむけとなったに違いない。

電気機関車並走試験で復旧大詰め

JRの在来線で最大の被害を受けた六甲道駅の復旧工事。崩れ落ちた高架橋をジャッキで元の位置に戻し、約1000本の支柱には鉄板を巻いて補強したが、東海道線は複々線になっていて重い貨物列車も走行する。そこで1両約100トンの機関車を2両ずつつなぎ、4本の線路に同時に走らせて高架橋に異常がないことを確認する試験を行った。（QRコード①）最後まで不通だった住吉—灘間は、4月1日、開通にこぎ着けた。

①4車両が並走しての対荷重試験

通常ではありえない機関車の並走。

3月31日

自衛隊災害派遣修了式

2004年の被災者復興支援会議では、淡路島について「当時は『助けられることは恥ずかしい』といった住民意識があり、ボランティアなど外部からの支援を活用しきれなかった面がある」と報告された。明石海峡大橋も未開通で、交通の面からもボランティアが入りにくかったとみられ、自衛隊の存在感は相対的に大きくなった。道路の復旧から家屋の解体に至るまで幅広く活躍。修了式には多くの島民が集まり、任務を終えた隊員らに手を振って見送った。（QRコード①）

①町長はじめ町民からもお礼の言葉が贈られた

自衛隊災害派遣修了式の様子。

80日ぶりに新幹線が営業運転を再開

高架橋の損傷によって新大阪－姫路間で不通となっていた山陽新幹線も、損傷の小さかった高架橋の橋桁を持ち上げて再利用する工法で早期の復旧をはかった。運転再開を前に連日の走行試験を繰り返していたが、この日は営業用の新幹線車両を上り下りの2本の線路で同じ方向に走らせ、高架橋にかかる荷重を確認するテストが行われた。そして4月8日、80日ぶりに営業運転を再開。東京・大阪と九州方面を結ぶ大動脈が再び動き出した。（QRコード①）

①新大阪で行われた、博多行き「ひかり」の出発式

走行試駅では、2本の新幹線が並走し何度も復旧地点を往復する。

8月23日

六甲ライナーが全面復旧

六甲ライナーは住吉駅で2番線の橋桁が落下、六甲大橋の六甲アイランド側でも橋桁が落下した。また、走行中の車両が脱線するなど大きな被害を受けた。5月に六甲アイランド内での運行をはじめ、7月20日に魚崎まで部分復旧を進めていた。そして最後に残ったJR住吉－魚崎間が8月23日に復旧、地震から7カ月あまりでの全面開通の運びとなった。（QRコード①）地震で運行できなくなった鉄道網は、これによってすべて復旧した。

①晴れやかな表情で乗車する人々

ついに六甲ライナーが全線開通！

映像に関するお問い合わせ

朝日放送グループホールディングス株式会社　ＣＳＲ推進部

企業の防災研修会や学校での防災授業、地域の防災啓発活動など、無償非営利のイベントで、「激震の記録１９９５　取材映像アーカイブ」の映像を使用される場合は、左のＱＲコードにアクセスし、お問い合わせフォーム（https://cipher.asahi.co.jp/disaster_archive/）からご一報ください。ＷＥＢサイトの上映であれば、無償でご利用いただけます。

有料イベントでの使用や、映像のダビングなどを希望される方も、こちらのお問い合わせフォームへご相談ください。

また、映像を活用した防災講演会、防災授業、イベントのご依頼も受け付けております。

あとがき

このアーカイブを作って以来、大学などで出前講義の機会があるたびに、地震の記念日を学生に聞くようにしている。3月11日は東日本大震災の記念日だと答えられるが、1月17日は、多くの学生が自信なさそうな顔をする。神戸の大学ならまだ答えられても、大阪や京都の大学生で阪神淡路大震災と正解できるのは、半数程度になる。ましてや、9月1日を関東大震災の日と答えられる学生はもっと少なくなってしまう。「災害伝承30年限界説」という言葉が専門家の間で語られているが、それは仕方がないことでもある。

災害は最愛の人を奪う。避難所では人間の汚い一面を見ることもあるだろう。本当に大変な目に遭った人たちにとって、それらは思い出したくもない「忌まわしき記憶」だ。震災の「思い出話」を武勇伝のように語れる経験者は、そこまでひどい状況ではなかったのかも知れない。そして、当時の話は時に美化され、都合の悪いところは隠される。一番ひどい状況ほど、伝えられないものである。そして、「みんなが知っている」と思っているうちに、知らない世代がどんどん増えていく。

取材映像アーカイブは、時期的に一番ひどい状況を映している。この映像を見せれば、震災を知らない世代も災害のリアリティを理解してくれる。「これが、25年前の神戸で本当に起こったことなの？」「救急車が来ない、貯水槽の水がなくなる、金融機関が機能しない…社会基盤が機能しない状況を映像に残したことは意義がある」「避難所の中の映像を普通に取材できていることが凄い」。今となってはなかなか撮影できない映像だからこそ、「災害のリアル」がひしひしと感じられるという。そういう声を聞くたびに、いい仕事ができた充実感に満たされる。

２０２４年10月のある日、一人の同僚が急性心不全でこの世を去った。２０１９年の夏に「震災25年に向けて何かやりたいんやけど、アイデアないか？」と筆者に声をかけてきた震災アーカイブのキーマンである。多くの人に話したものの「肖像権はどうする」「忙しい中誰がやる」と取り合ってもらえなかった〝難事業〟は、彼の「露払い」によって無事公開までこぎ着けた。

その後も、国立国会図書館と連携したり、eラーニングサイトを作ったり、出前講義をしたり、普及活動を一緒に続けてきた。２０２５年には、大阪・関西万博でイベントを行い、災害取材の成果を未来につなげるという理念を世界の放送局と共有しようとし、亡くなる2日前にも会議をしていた。そんな矢先の突然の訃報であった。

「こんど神戸に地震が来るのは、数百年後かも知れない。ＡＢＣグループだけでそれまで伝えきれますかね…」。筆者の無茶な問いかけも真面目に捉えて、世代交代と普及拡大を真剣に考えてくれていた。彼の推進力によって震災アーカイブはここまで成長した。髙谷充重先輩には感謝とともにこの本を捧げ、その遺志を受け継ぐことをスタッフ皆で誓いたい。

感謝といえば、１９９５年以降、私たちの取材を受け入れ、インタビューに真摯に答えてくださった被災者の皆さん、そして今回の増補で公開した提供映像の撮影者の皆さんにもお礼を申し上げなければならない。映像を公開し、この本をまとめることで、大切な「贈り物」を次の世代に渡すという役割が果たせたと思っている。今回、私たちが探し出すことができなかった映像提供者様やその関係者様が、本書をご覧になったら、ぜひご連絡を賜りたい。ご了承をいただいた上で映像をアーカイブ公開し、後世に伝えていきたい。

クリックひとつで消滅する、儚いデジタルアーカイブを紙の本で固定する機会を与えてくださった西日本出版社の内山社長にも改めて御礼を申し上げたい。２０２３年には関東大震災の手記『大震の日』も復刻出版させていただいた。その作業の中で、執筆者の死後70年維持される著作権が、災害伝承の障害となることに気づいた。本書の私の文章については、私の死後は個人として著作権を主張することはない。出版社と共著者の承諾を得ていただければ、自由に転載してもらって構わない。年月がたって出版社や共著者がわからなくなった時は、社会的意義を確認した上で自由に使っていただきたい。災害を未来に伝えることが私の思いであることをここに記しておく。

執筆を支えてくださったすべての編集スタッフの皆さん、そしてアーカイブの維持管理と普及拡大に取り組む朝日放送グループの同僚たち、協力者（社）の皆様…。皆さんのおかげで、貴重な映像を長く伝えることができそうです。これからもどうぞよろしくお願いいたします。

木戸　崇之

参考文献　（順不同）

気象庁ホームページ
兵庫県ホームページ
総務省ホームページ
内閣府ホームページ・〝阪神・淡路大震災教訓情報資料集〟〝阪神・淡路大震災の総括・検証に係る調査〟〝阪神・淡路大震災復興誌〟ほか
消防庁消防大学校消防研究センターホームページ・〝同時多発火災発生時の、消防力の最適運用〟
福和伸夫・〝阪神・淡路大震災から25年　進まない耐震化〟・
自治省消防庁災害対策本部『阪神・淡路大震災について（第１０４報）』
神戸市消防局『阪神・淡路大震災　神戸市域　における消防活動の記録』
消防庁『阪神・淡路大震災の記録１』
（財）阪神・淡路大震災記念協会『平成9年度防災関係情報収集・活用調査（阪神・淡路地域）調査票』
朝日新聞デジタル・〝「息子を見殺しに」ラジオの声を探して　見えた父子の絆〟
岩崎信彦ほか『町内における救助と避難の実状－長田区鷹取東の場合』阪神淡路大震災の社会学１
（社）土木学会関西支部『大震災に学ぶ　－阪神・淡路大震災調査研究委員会報告書（第二巻・第7編）』
読売新聞大阪本社『阪神大震災』
古市忠夫『地震後2日間の救助と消火の活動　口述記録』阪神大震災研究１　大震災１００日の軌跡
兵庫県都市住宅部建築指導課『阪神・淡路大震災と建築行政等の記録』
（財）日本消防協会『阪神・淡路大震災誌』
（財）神戸都市問題研究所『阪神・淡路大震災　神戸市の記録１９９５年』
阪神高速道路公団ホームページ
池田靖忠『山陽新幹線高架橋，橋りょうの復旧工事』コンクリート工学
阪神・淡路大震災鉄道復興記録編纂委員会『よみがえる鉄路　阪神・淡路大震災鉄道復興の記録』山海堂
佐藤新二ほか『新幹線の早期地震防災システム』精密工学会誌
（社）日本鉄道建設業協会　大阪支部『阪神・淡路大震災「鉄道の被災と復旧の記録」』
震災復興調査研究委員会『阪神・淡路大震災復興誌【第1巻】』（財）21世紀ひょうご創造協会
地震調査研究推進本部ホームページ・〝六甲・淡路島断層帯〟
文化遺産オンラインホームページ・　〝野島断層〟
神戸市ホームページ・　〝神戸の水道の特徴〟〝通電火災ってご存知？〟
加藤弘貴『首都直下地震の流通分野への影響に関する検討』流通情報
近畿地方整備局ホームページ・〝１．水のない避難生活〟
日本経済新聞『阪神大震災当時「従業員の愛情が店舗再開早めた」』２０１５年1月14日付

神戸新聞ホームページ・〝神戸新聞ＮＥＸＴの各種特集記事〟〝ひょうご経済プラス〟ほか
尼崎市・（財）あまがさき未来協会『大規模災害時における避難所のあり方に関する研究報告書』
（財）阪神・淡路大震災記念協会『平成11年度防災関係情報収集・活用調査（阪神・淡路地域）報告書』
（財）阪神・淡路大震災記念協会『「災害救援の方策とその経験の集積」研究会報告書』
野尻武敏『復興総括－復興全体の総括』阪神・淡路大震災 復興10年総括検証・提言報告
内閣府『避難所におけるトイレ確保・管理ガイドライン』平成28年４月
兵庫県 避難所等におけるトイレ対策検討会『避難所等におけるトイレ対策の手引き』平成26年４月
宝塚市役所『阪神・淡路大震災 ―宝塚市の記録１９９５―』
神戸市『阪神・淡路大震災―神戸市の記録１９９５年―』
運輸安全委員会ホームページ
今野裕昭『震災対応とコミュニティの変容―神戸市真野地区』阪神淡路大震災の社会学１
阪神復興支援ＮＰＯ編『真野まちづくりと震災からの復興』自治体研究社
耐災害ＩＣＴ研究協議会『災害に強い 情報通信ネットワーク導入ガイドライン』第２版
兵庫県教育委員会『震災を生きて 記録 大震災から立ち上がる兵庫の教育』
渥美公秀ほか『避難所の形成と展開』阪神大震災研究１ 大震災１００日の軌跡
住宅金融普及協会ホームページ
神戸市長田保健所『阪神・淡路大震災－長田保健所救援活動の記録―』
兵庫県警察本部『阪神・淡路大震災警察活動の記録：都市直下型地震との闘い』
警視庁ホームページ
警察庁ホームページ・〝東日本大震災に伴う交通規制〟
人と防災未来センターホームページ・〝震災を語る〟ほか
神戸市立西市民病院『西市民病院月報 vol. 278 阪神大震災特集』
朝日新聞社『阪神・淡路大震災誌』
読売新聞大阪本社『阪神大震災』読売新聞社
日本銀行神戸支店ホームページ・〝阪神・淡路大震災の記録〟
兵庫県南部地震動物救援本部『大地震の被災動物を救うために／兵庫県南部地震動物救援本部活動の記録』
上部達生『兵庫県南部地震による港湾施設等の被害』土木学会誌
高田至郎ほか『港湾施設の被害と対策』安全工学
神戸新聞社『神戸新聞の１００日』
認定ＮＰＯ法人 まち・コミュニケーションホームページ・〝街人めぐり 真陽ふれあいのまちづくり協議会〟
井上恵太ほか『阪神・淡路大震災の被災地における防災教育の変遷と課題』兵庫地理
神戸商科大学 舟場研究室『阪神・淡路大震災におけるアジア系定住者の生活ネットワークの変貌と再生への展望－定住ベトナム人を中心として－』

田端和彦『神戸市における在日ベトナム人の居住状況―阪神・淡路大震災前後での変化―』都市住宅学
産経新聞ホームページ・〝【昭和天皇の87年】「朝鮮人虐殺事件」の真相　何が群衆をあおったのか―〟
鈴木要ほか『阪神・淡路大震災による死者の特性分析』地域安全学会
金宣吉『外国人生活支援と市民活動』都市政策
愛知ボランティアセンターFacebook
兵庫県心のケアセンターホームページ・〝阪神淡路大震災とこころのケア〟
小坂俊吉『阪神・淡路大震災における社会福祉施設の応急対応と支援活動』総合都市研究
大下昌宏『災害廃棄物の処理・処分』都市政策
峯村芳樹『阪神・淡路大震災における環境汚染について』都市清掃
兵庫県・(財)21世紀ひょうご創造協会『阪神・淡路大震災復興誌(第1巻)』
朝日新聞デジタル・〝復興へ、一歩ずつ 熊本地震1年〟
日本経済新聞ホームページ・〝戻った街 戻らぬ人、商業再生 計画後手に〟
中山久憲『「2 段階都市計画」政策の実施過程とその評価～危機管理思想の脆弱な災害関連法制下において～』現代社会研究
外岡秀俊『地震と社会(下)』みすず書房
兵庫県知事公室消防防災課『阪神・淡路大震災 兵庫県の1年の記録』
ラジオ関西ホームページ・〝(3)震災ドキュメント〟
兵庫県西宮土木事務所『まち再生へ　～被災地の土木現場から～』
釜井俊孝『宅地崩壊 なぜ都市で土砂災害が起こるのか』ＮＨＫ出版新書
1・17 神戸の教訓を伝える会『阪神・淡路大震災 被災地〝神戸〟の記録』ぎょうせい
(財)運輸経済研究センター『災害に強い交通基盤整備のあり方に関する調査研究報告書』
日本財団ホームページ
米谷朋恵ほか『「何が生死を分けたか?」阪神・淡路大震災時の木造住宅内での死者発生要因に関する一考察』地域安全学会
国土交通省近畿地方整備局ホームページ・〝阪神・淡路大震災の経験に学ぶ 震災時における社会基盤利用のあり方について〟
松永康男ほか『被災した重力式ケーソン岸壁の耐震強化法』土木学会
高橋和雄ほか『阪神・淡路大震災における応急仮設住宅の設置と長期間使用する場合の課題に関する調査』
読売新聞『被災者支援 神戸のＮＰＯ代表　牧さん 高校教諭37年に幕』２０１２年4月10日付
読売新聞オンライン・〝コンビニ店舗数、初の減少…大手は新規出店抑制に〟２０２０年1月20日
青木貞茂『文化の力―カルチュラル・マーケティングの方法』ＮＴＴ出版ライブラリーレゾナント
朝日新聞デジタル・〝教訓を後輩警察官へ　全壊した兵庫署ＯＢが講演〟２０１８年1月12日
国立情報学研究所 デジタル台風ホームページ・〝関東大震災と天気〟
小野崇之『東日本大震災による神社被災の現状と課題』宗教法
建設省建築研究所『えぴすとらVol.11　兵庫県南部地震による建築物被害とその後の対応』
土木ウォッチングホームページ・〝大開駅の崩壊 - 兵庫県南部地震の直撃を受けた地下構造物 -〟

矢的照夫ほか『兵庫県南部地震による神戸高速鉄道・大開駅の被害とその要因分析』土木学会
佐藤工業株式会社土木本部技術部『神戸高速鉄道東西線 大開駅災害復旧の記録』
産業技術総合研究所『震災後の活断層調査結果から見た兵庫県南部地震の予測性について』地震予知連絡会会報
西宮市ホームページ・〝デジタルライブラリー 阪神・淡路大震災〟
西宮市総務局行政資料室『1995・1・17 阪神・淡路大震災―西宮の記録―』
焼山昇二『解体撤去の手配』「野田北部の記憶 震災後3年のあゆみ」野田北部まちづくり協議会
奥村組ホームページ・〝JR六甲道駅復旧〟
木村辰男『粘土瓦工業の核心地域と市場』人文地理
山口光枝ほか『阪神・淡路大震災後における学校給食の復旧過程と給食内容』生活科学研究誌
稲垣えみこ『震災の朝から始まった』朝日新聞社
神戸市教育委員会『阪神・淡路大震災と神戸の学校教育』
塩田潮『阪神大震災。なぜ自衛隊出動が遅れたか』プレジデント
内閣官房都市再生本部事務局ほか『阪神・淡路大震災を振り返って』平成14年3月29日
土木学会関西支部『大震災に学ぶ―阪神・淡路大震災調査研究委員会報告書 第Ⅱ巻』
海上自衛隊阪神基地隊ホームページ・〝災害派遣 阪神・淡路大震災〟
市民・連合ボランティアネットワーク『「阪神・淡路大震災」復興復旧支援活動報告書』
土木学会『土木学会阪神大震災震災調査第二次報告会資料』
長嶋文雄『阪神・淡路大震災における橋桁間の耐震連結装置の被害および衝撃応答解析』総合都市研究
長嶋文雄『阪神・淡路大震災における交通系の被害と復旧―主に橋梁構造物系について―』総合都市研究
水口康仁『西宮港工区上部災害応急復旧工事報告』川田技報
神戸市広報課『防災都市・神戸の情報網整備 神戸市広報課の苦悩と決断』ぎょうせい
植田信策『東日本大震災被災地でのエコノミークラス症候群』静脈学
衆議院ホームページ・〝「車中泊」を前提とした防災計画に関する質問主意書〟
(財)自動車検査登録情報協会ニュースリリース『自家用乗用車(登録車と軽自動車)の世帯当たり普及台数』平成27年8月14日
斎藤哲巳『公衆電気通信ネットワークの災害対策』消防防災の科学
臼田修『阪神・淡路大震災における電力ライフラインの復旧について』電学誌
寒川旭『地震の日本史 大地は何を語るのか(増補版)』中公新書
国立天文台『理科年表 2020』丸善出版
国土交通省ホームページ
大阪市ホームページ
月刊 神戸っ子
神戸大学附属図書館デジタルアーカイブ

Photo by Shinichi Kumamoto

木戸崇之（きど たかゆき）

1972年京都市生まれ。1995年に朝日放送に入社後、報道記者としてさまざまな災害現場を取材する。2014 年から1年半「阪神・淡路大震災記念 人と防災未来センター」に研修派遣。同時期に関西大学大学院社会安全研究科でも災害情報の伝達に関する研究を行う。その成果となる「災害情報のエリア限定強制表示」を2017年、国内の放送局で初めて導入。2019年の「電波の日」近畿総合通信局長表彰を受けた。現在、㈱エー・ビー・シー リブラ　ビジネス開発部長。映像アーカイブの管理・利活用を軸とした新しいビジネスの開発を手掛けるとともに、近畿大学法学部でマスメディアの基本構造について教鞭をとる。

吉水彩（よしみず あや）

1998年福岡県生まれ。関西学院大学を卒業後、2021年に㈱エー・ビー・シーリブラに入社。アーキビストとして朝日放送テレビの報道素材の管理に従事する。一方で過去のアーカイブ映像を活用し、視聴者に新たな価値を提供するコンテンツ制作に携わる。膨大な映像素材を未来へつなぐため、日々アーカイブに取り組んでいる。

増補版　スマホで見る **阪神淡路大震災**
～1995.1.17　災害映像が伝えるもの～

2024年12月25日　初版第一刷発行

著　者　　木戸崇之・吉水彩
　　　　　朝日放送テレビ株式会社
発行者　　内山正之
発行所　　株式会社 西日本出版社
http://www.jimotonohon.com/
〒564-0044　大阪府吹田市南金田1-8-25-402
[営業・受注センター]
〒564-0044　大阪府吹田市南金田1-11-11-202
TEL 06-6338-3078　FAX 06-6310-7057
郵便振替口座番号　00980-4-181121

編集　巻頭特集　株式会社 ウエストプラン
　　　本文　竹田亮子
ブックデザイン　文図案室 中島佳那子
表紙デザイン　LAST DESIGN
地図　庄司英雄
印刷・製本　株式会社 光邦

ISBN978-4-908443-95-4